AF573021

Ursula Kopp

Ein Gartenparadies für Schmetterlinge

Mit Porträts heimischer Schmetterlinge

Bassermann

INHALT

VORWORT

Gaukler der Lüfte« oder »Fliegende Edelsteine« werden sie genannt. In der großen Welt der Insekten sind die zartgeflügelten Schmetterlinge wohl die bekanntesten und beliebtesten Vertreter. Sie strahlen Leichtigkeit und Ruhe aus und begeistern durch vielfältige Farben und Muster. Dabei gilt die Sympathie der Menschen meist nur dem voll entwickelten Falter, während sein früheres Entwicklungsstadium, die Raupe, von Gartenbesitzern weit weniger geschätzt wird.

Leider wird das Vergnügen, einen Schmetterling in der Natur oder im Garten zu sehen, immer seltener. Rund 80 Prozent der 190 einheimischen Tagfalterarten sind bedroht. Die Gefahren sind vielfältig. Durch die Zerstörung von Lebensräumen, durch eine extensive Landwirtschaft und große Monokulturen fehlen den Schmetterlingen und Insekten die Nahrungsquellen. Häufig finden sie auch in Parks und Gärten keine heimischen Pflanzen mehr. Und die meisten Gewächse aus exotischen Ländern schmecken unseren Faltern einfach nicht. Vor allem sind sie durch den Einsatz chemischer Pflanzenschutzmittel, sowohl in der Landwirtschaft, als auch in den Gärten, massiv bedroht.

Schmetterlinge brauchen dringend unsere Hilfe! Ein schmetterlingsfreundlicher Garten ist ein vielfältiger, bunter Garten, denn die verschiedenen Lebensstadien einer Schmetterlingsart sind oft auf unterschiedliche Pflanzen und Standorte angewiesen.

Das vorliegende Buch vermittelt Informationen zu Lebensweise und Bedürfnissen der Schmetterlinge und gibt Anregungen, wie man mit der Anlage und Gestaltung eines Schmetterlingsgartens einen Beitrag zu Natur- und Tierschutz leisten kann.

KLEINE SCHMETTERLINGS-KUNDE

Schmetterlinge zählen zu den bekanntesten und beliebtesten Insekten, die unsere Erde bevölkern. Die zartgeflügelten Schönheiten faszinieren durch ihre bunte Vielfalt, ihre erstaunliche Entwicklung und Lebensweise sowie ihre verblüffenden Fähigkeiten. Meist gilt die Sympathie nur dem voll entwickelten Falter, während sein früheres Entwicklungsstadium, die Raupen, von Gartenbesitzern weniger geschätzt werden. Aber auch sie lassen bei genauer Betrachtung oft eine überraschende Farben- und Formenvielfalt erkennen.

KÖRPERBAU DER SCHMETTERLINGE

Auffälligstes Erkennungsmerkmal sind die oftmals großen **Flügel.** Diese liegen vor dem Schlüpfen eng zusammengefaltet in der Puppe. Hat sich der Falter befreit, werden die Adern der Flügel mit Blut gefüllt und die Flügel voll entfaltet. Sie sind wie der ganze Körper mit winzigen Schuppen bedeckt. Ihre Struktur und Färbung ergeben einzigartige Flügelmuster, an denen sich viele Schmetterlinge erkennen lassen.

Die erwachsenen Falter ernähren sich nur von Flüssigkeiten, vor allem von Nektar. Im Sommer trinken sie bei hohen Temperaturen auch an Wasserstellen und Pfützen. Die zu feinen Halbröhren umgewandelten Unterkiefer bilden zusammen den **Saugrüssel,** der von Art zu Art unterschiedlich lang ist und in Ruhestellung aufgerollt unter dem Kopf liegt.

Schwalbenschwanz

Schmetterlinge sind mit erstaunlichen und leistungsstarken Sinnesorganen ausgerüstet. Die **Fühler** lassen sich mit unserer Nase vergleichen. Die Falter nehmen zwar viel weniger verschiedene Geruchsstoffe wahr, diese dafür aber viel intensiver. Das hilft ihnen bei der Suche nach nektarreichen Blüten und Futterpflanzen für die Raupen. Zur Fortpflanzung müssen sich Männchen und Weibchen über weite Entfernungen »riechen« können. Bei vielen Schmetterlingsarten locken die Weibchen die Männchen mit besonderen Duftstoffen an. Diese »Pheromone« werden von den **Duftschuppen** am Körper des Weibchens erzeugt.

Die **Augen** setzen sich aus mehreren tausend Einzelaugen zusammen, sehen aber nur auf 3–5 m scharf. Dafür können sie ultraviolette, für das menschliche Auge nicht erkennbare Farben wahrnehmen.

An den **Beinen** sitzen bei vielen Schmetterlingen Geschmackszellen, die ihnen bei der Suche nach den richtigen Raupenfutterpflanzen helfen.

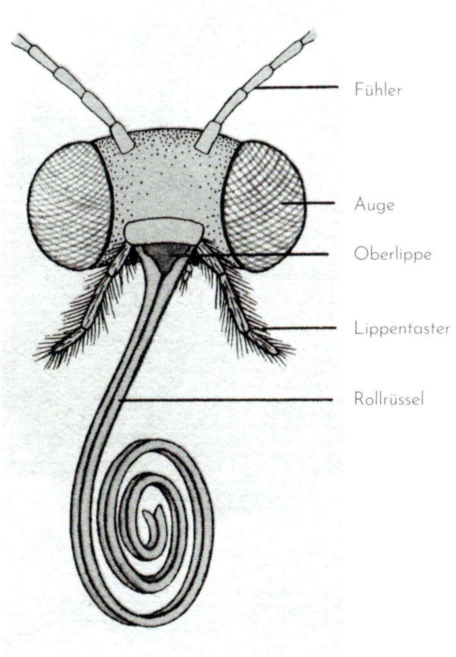

Saugrüssel

Flügelschuppen beim Schwalbenschwanz

Tag- oder Nachtfalter?

Tagfalter fliegen hauptsächlich bei Tages- bzw. Sonnenlicht. Ihre Flügel sind meist auffällig bunt gefärbt und gemustert. Sie sind in Ruhestellung ausgebreitet oder senkrecht nach oben gefaltet. Ihre fadenförmigen Fühler enden in kleinen Keulen.

Die meisten **Nachtfalter** sind in der Dämmerung und nachts unterwegs, einige Arten aber auch tagsüber. Ihre Färbung ist meist unauffällig. In Ruhestellung falten sie die Flügel dachartig über dem Körper zusammen. Den faden- oder fächerförmigen oder gezähnten Fühlern fehlen die Verdickungen.

Kohlweißling

DIE WUNDERSAME VERWANDLUNG – VOM EI BIS ZUM FALTER

Schmetterlinge unternehmen eine vollkommene Umwandlung vom Ei bis zum erwachsenen Falter (Metamorphose). Das Weibchen legt in der Regel die **Eier** einzeln oder in kleinen Häufchen auf den Futterpflanzen der Raupen ab. Einige Arten lassen sie auch im Flug ins Gras fallen oder heften sie in der Nähe der Raupenfutterpflanzen an.

Bei den meisten Arten schlüpfen die **Raupen** nach etwa acht Tagen aus den Eiern. Ihre Farbe, Form und Lebensweise sind sehr variationsreich, je nach Familienzugehörigkeit schlicht oder auffällig. Die meisten Raupen sind Einzelgänger, häufig versammeln sich aber auch mehrere Tiere derselben Art auf einer Futterpflanze. Andere wiederum finden sich in Gespinsten aus Raupenseiden zusammen.

Wird der Raupe die Haut zu eng, beginnt sie sich zu häuten, in der Regel viermal. Diese Entwicklung vollzieht sich über einen Zeitraum von etwa vier Wochen, bei Arten, die als Raupe überwintern, entsprechend länger. Danach verwandelt sich die Raupe zur Puppe.

Die **Puppen** von *Weißlingen* befestigen sich mit einem um die Körpermitte gesponnenen Haltefaden aufrecht an Pflanzenstängeln, man bezeichnet sie als *Gürtelpuppen*, die Puppen von *Edelfaltern* hängen kopfunter an den Wirtspflanzen, daher der Name *Stürzpuppen.* Alle übrigen Schmetterlingsarten verpuppen sich frei am Boden oder in einem Kokon aus Raupenseide. Die Puppenruhe dauert je nach Art 2–4 Wochen, dann schlüpft der Falter.

Schwalbenschwanz-Raupe

Kleiner Fuchs-Raupe

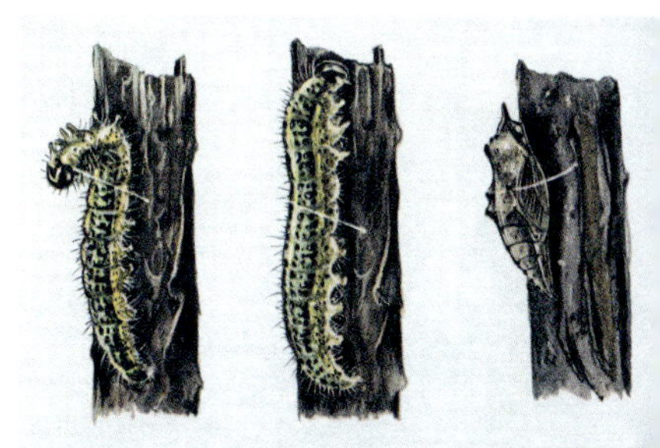

Verpuppung der Kohlweißlings-Raupe

LEBENSWEISE DER SCHMETTERLINGE

Bestimmten Schmetterlingsarten ist wie vielen anderen Tieren (Vögeln) ein starker Wandertrieb angeboren. Er dient häufig der Ausbreitung der Art. Die **Wanderfalter** aus wärmeren Regionen südlich der Alpen fliegen in mehreren Wellen vom Frühling bis zum Sommer bei uns ein. So erscheinen Anfang Mai die *Distelfalter*, wahrscheinlich aus Afrika kommend, in einer ersten schwachen Welle aus vielfach verblassten und zerfransten Tieren. Im Juni folgt die zweite Welle mit größeren und farbigeren Faltern. Sie stammen wahrscheinlich aus Eiern, die die Falter der ersten Welle bereits in Südeuropa abgelegt haben. Diese Einwanderer sterben nach der Fortpflanzung. Die dann bei uns geschlüpften Herbstfalter wandern zum Teil wieder in den Süden zurück. Einzelne Exemplare des *Admirals* überwintern bei uns. Die Mehrzahl der im April und Mai fliegenden Falter sind Einzelwanderer aus südlichen Gebieten. Sie legen ihre Eier ab und im Juni fliegt dann eine einheimische Faltergeneration. Diese tritt ab August/September wieder den Rückflug an.

Distelfalter auf Skabiose

Sehr früh im Jahr sieht man bereits das Tagpfauenauge flattern.

Überwinterung

Wird es kalt, fahren die Schmetterlinge ihren Stoffwechsel vollständig herunter und warten auf das Erwachen der Vegetation im Frühjahr. Dabei haben sie eine vielfältige Überlebensstrategie entwickelt. Sie überwintern entweder als Falter, Puppe, Raupe oder Ei, doch die meisten wandern im Herbst in den wärmeren Süden ab. Von den 190 Arten unserer Tagfalter überwintern nur sieben als Falter: *Admiral, Tagpfauenauge, Kleiner und Großer Fuchs, C-Falter, Zitronenfalter* und *Trauermantel.* Sie suchen sich im Herbst einen geschützten Platz in der Natur oder verkriechen sich in Schuppen, in Häusern, in Kellern oder auf Dachböden.

Lebensgrundlage Pflanzen

Die meisten Schmetterlingsarten stellen ganz spezielle Ansprüche an ihren Lebensraum. Sie brauchen nicht nur Blütenpflanzen als Nektarquelle, sondern vor allem bestimmte Blumen, Kräuter, Gräser, Sträucher oder Bäume als Futterpflanzen für die Raupen. Denn die meisten von ihnen sind nämlich recht wählerisch. Die Mehrzahl der Gräser und Kräuter, auf die Schmetterlinge angewiesen sind, wächst auf mageren, stickstoffarmen Böden. Die intensive landwirtschaftliche Nutzung der Wiesen geht mit einer konsequenten »Verbesserung« des Bodens durch Kunstdünger und Gülle einher. In der Folge verschwinden stickstoffmeidende Pflanzen und mit ihnen die auf sie angewiesenen Schmetterlinge.

Neben dem Verlust geeigneter Lebensräume tragen auch giftige Chemikalien, die als Pflanzenschutzmittel überall in Feld, Wald und Gärten mehr oder weniger intensiv zum Einsatz kommen, massiv zur Gefährdung der Schmetterlinge bei. Zum einen werden durch die ausgebrachten Insektizide Raupen und Falter direkt vernichtet, zum anderen dient das »Unkraut«, gegen das mit Herbiziden vorgegangen wird, vielen Raupen als Lebensgrundlage.

EINEN SCHMETTERLINGSGARTEN

ANLEGEN UND GESTALTEN

Wer den eigenen Garten auch für die bunten Falter attraktiv machen will, muss ihn naturnah gestalten. Beste Voraussetzung dafür ist der Verzicht auf den Einsatz chemischer Mittel bei Pflanzung und Pflege. Darüber hinaus muss sich der Hobbygärtner von der Vorstellung eines »aufgeräumten Gartens« lösen, denn ein Zuhause für Schmetterlinge zeichnet sich auch durch gezielte »Unordnung« aus. Wichtig ist vor allem, dass die Bepflanzung des Gartens die Bedürfnisse verschiedener Schmetterlingsarten erfüllt.

DIE PFLANZENAUSWAHL – DAS A UND O

Ziel eines Gartens für Schmetterlinge ist, dass diese sich in ihm heimisch fühlen. Das ist aber nur möglich, wenn er ein vielfältiges Nahrungsangebot bereithält – sowohl für die Falter als auch deren Raupen. Will man den eigenen Garten für die bunten Gäste attraktiv machen, so ist Grundvoraussetzung die richtige Pflanzenauswahl. Bei der Gestaltung sind dann der Kreativität keine Grenzen gesetzt, allerdings sollte sie naturnah und abwechslungsreich, sogar ein wenig wild sein. Denn natürlich gestaltete Gärten bieten für Schmetterlinge ideale Lebensräume. Hier finden sowohl die erwachsenen Falter als auch ihre Raupen ausreichend Nahrung und Möglichkeiten, sich zu verstecken. Die Grundbepflanzung besteht aus Blütenstauden und Blütengehölzen, ergänzt mit Wildkräutern. Unsere Schmetterlinge sind an heimische Gewächse angepasst, sie haben deshalb bei der Bepflanzung unbedingt Vorrang. Damit Schmetterlinge die ganze Gartensaison mit Nektar versorgt sind, sollte die Blütezeit der ausgewählten Pflanzen sich möglichst von Februar bis Oktober erstrecken.

Neben ihrem ausgeprägten Geruchssinn orientieren sich Schmetterlinge an den Blütenfarben. Sie bevorzugen abwechslungsreiche farbenfrohe Beete mit nektarreichen Stauden- und Straucharten. Dabei lassen sich Tagfalter von kräftigen Farben wie Orange, Gelb, Pink, Violett und insbesondere von Rottönen anlocken. Sobald die Falter geschlüpft sind, gehen sie auf Nahrungssuche. Ihre »Hauptspeise« ist der Blütennektar einheimischer Pflanzen. Einige Arten ernähren sich auch von Pflanzensäften aus Blättern, Saft von Fallobst oder dem Honigtau von Läusen – Hauptsache flüssig. Zu beachten ist, dass Schmetterlinge zur Nahrungsaufnahme **ungefüllte Blüten** brauchen, damit sie mit ihrem Saugrüssel auch einfach an die Nektarquelle gelangen können. Damit die Nektarquellen nicht versiegen, ist ein regelmäßiger Rückschnitt nötig, denn verblühte Triebe enthalten keinen Nektar mehr. Zudem sorgt er bei vielen Pflanzen für neue Blüten oder eine Nachblüte.

Entsprechend der Lage, Größe und Bodenbeschaffenheit des Gartens lassen sich unterschiedliche Biotope realisieren: eine Staudenrabatte, ein duftendes Kräuterbeet oder eine Hecke mit Blütengehölzen. Das Herzstück eines Schmetterlingsgartens aber ist eine Blumenwiese. Sie bringt ein buntes Blütenmeer in den Garten, ist pflegeleicht, muss kaum gewässert und lediglich zwei Mal im Jahr gemäht werden – am besten im Juni und September oder im Juli und Oktober.

Eine Blumenwiese anlegen

Die Blumenwiese setzt sich aus rund 50–60 Pflanzenarten zusammen, die den Gartenbesitzer jedes Jahr mit neuen Pflanz- und Farbkombinationen überraschen. Und sie ist ein wertvoller Lebensraum für Schmetterlinge, Bienen und andere Insekten. Und bereits eine Blumeninsel inmitten des Rasens lässt sich in ein kleines Blütenmeer verwandeln. Die beste Zeit für die Anlage ist von März bis Mai. Die meisten Wildblumen gedeihen richtig nur auf nährstoffarmen, mageren Böden. Der Gartenboden ist meist jedoch aufgrund von Düngung und Nährstoffeintrag durch die Luft nährstoffreich. Deshalb sollte man ihn zunächst einmal »auf Diät setzen« und entsprechend vorbereiten. Die beste Zeit dafür ist von März bis Ende Mai. Dafür wird zunächst das Gras mitsamt den Wurzeln abgetragen, anschließend der Boden gelockert und falls nötig noch Sand eingearbeitet. Nach 2–3 Wochen Ruhepause sät man die Wildblumen-Mischung oder eine Blumenmischung für Schmetterlinge ein. Gut geeignet sind Mischungen aus heimischen Wiesenblumen.

Schmetterlingsbuffet Staudenbeet

Bei der Anlage eines Staudenbeetes gilt, dass man bei der Auswahl der Pflanzen darauf achtet, den Schmetterlingen das ganze Gartenjahr Nahrungsquellen anbieten zu können. Da Schmetterlinge Sonne brauchen, sollte das Beet (Größe 5 x 3 m) an einem sonnigen Platz angelegt werden, nachfolgend ein Beispiel für einen Pflanzplan:

1 2 x Glattblattaster *(Aster novi-belgii)*
2 8 x Rittersporn *(Delphinum-Elatum-Hybriden)*
3 6 x Hohe Bart-Iris *(Iris barbata-Elatior)*
4 2 x Fallschirm-Sonnenhut *(Rudbeckia nitida)*
5 2 x Raublatt-Aster *(Aster novae-angliae)*
6 3 x Pfingstrose *(Paeonia lactiflora-Hybriden)*
7/8 5 x Flammenblume *(Phlox-paniculata-Hybriden)*
9 2 x Prachtscharte *(Liatris spicata)*
10 4 x Gelber Sonnenhut *(Rudbeckia fulgida)*
11 4 x Bergaster *(Aster amellus)*
12 1 x Steppen-Salbei *(Salvia nemorosa)*

VIELFALT IST TRUMPF

Die Vielfalt der Farben und Formen und ihre lange Lebensdauer machen Stauden zu einer Pflanzengruppe, ohne die auch die Gestaltung eines Schmetterlingsgartens kaum denkbar ist. In der warmen Jahreszeit bilden sie das Gerüst und setzen farbenfrohe Kontraste zu grünen Rasenflächen. Die Hauptrolle aber spielen sie in Beeten und Rabatten am Rand von Wegen, Rasenflächen, Gehölzgruppen und Terrassen. Diese rechteckigen, runden, ovalen und mit anderen Umrissen gestalteten Inseln in dem sie umgebenden Grün stellen wesentliche Bereiche des Gartens dar. Auf ihnen sollten die verschiedenen Stauden so kombiniert werden, dass sich nicht nur das Gärtnerherz und -auge, sondern auch unsere Schmetterlinge eine ganze Gartensaison daran erfreuen können. Der Blütenreigen erreicht seinen Höhepunkt im Sommer mit *Fetthenne, Roter Scheinsonnenhut* und *Prachtscharte* und klingt im Herbst mit *Herbstaster* in einem leuchtenden Finale aus. Einige Arten spielen als Solitär- bzw. Leitstauden eine besondere Rolle in der Gestaltung. Sie fallen wegen ihrer Größe und Gestalt sowie durch Blüten oder Blattfülle besonders auf. Einzeln oder in kleinen Gruppen können sie dort, wo sie ausreichend Platz haben, optische Schwerpunkte setzen. Sie werden umgeben von etwas zurückhaltenden Begleitstauden wie die *Wiesen-Flockenblume.* Pflanzlücken lassen sich mit schlichten Füllstauden wie *Wolfsmilch* schließen.

Tagpfauenauge auf Rotem Scheinsonnenhut

Der Schmetterlingsstrauch zieht viele Schmetterlingsarten an.

Nektarmagnet Schmetterlingsstrauch

Um das Nahrungsangebot zu erweitern, sollten im Schmetterlingsgarten auch nektarreiche Sträucher blühen. Nicht fehlen sollte der Sommerflieder *(Buddleja davidii)*, der wegen seiner nahezu magischen Anziehungskraft auch als Schmetterlingsstrauch bezeichnet wird. An warmen Tagen sind seine Blütenstände dicht mit bunten Faltern besetzt und Tagpfauenauge, Kleiner Fuchs oder Admiral lassen sich ganz aus der Nähe beobachten. Er wurde erst vor 100 Jahren aus China nach Europa eingeführt, zählt also nicht zu den heimischen Pflanzen. Das anspruchslose, wuchsfreudige Gehölz fand jedoch rasch den Weg in die Gärten und verbreitete sich von dort aus weiter. Inzwischen wächst der Sommerflieder in großen Teilen West- und Südwestdeutschlands wild und steht auch in der Kritik. Da er sich stark ausbreitet, verdrängt er heimische Pflanzen, man zählt ihn deshalb auch zu den »Neophyten« (Pflanzen, sie sich in Gebieten ansiedeln, in denen sie zuvor nicht heimisch waren). Er versorgt zwar die Falter reichlich mit Nektar und Pollen, von den Raupen wird er jedoch verschmäht. Trotzdem muss nicht auf das attraktive, üppig blühende Gehölz im Garten verzichtet werden. Wichtig ist deshalb darauf zu achten, dass es nicht ausbricht. Deshalb schneidet man die Blütenstände vor der Bildung der Samen ab, damit diese nicht vom Wind weitergetragen werden und auf offenem Boden schnell aufkeimen.

FUTTERPFLANZEN FÜR DIE RAUPEN

Ohne Raupen keine Schmetterlinge! Ein reichhaltiges Nektarangebot lockt zwar Schmetterlinge in den Garten, doch sie bleiben dort nur langfristig Gäste, wenn man sich nicht gleichzeitig auch um deren Kinderstube kümmert. Denn Raupen interessieren sich nicht für Nektar, auf ihrem Speisezettel stehen die Blätter einheimischer Pflanzen. Während der Falter viele unterschiedliche Nektarquellen aufsucht, ist seine Raupe bei ihrer Futterpflanze sehr viel wählerischer. Die Raupe des Schwalbenschwanzes zum Beispiel ernährt sich von der Wilden Möhre, die Raupe des Schachbretts von Gräsern. Legt man im Garten kleine »wilde Ecken« an, so ist mit Brennnesseln, Disteln und anderen Wildkräutern für die Raupen vom Kleinen Fuchs, Tagpfauenauge, Admiral, C-Falter, Distelfalter und Landkärtchen der Tisch reich gedeckt. Besonders wichtig für Schmetterlinge sind auch heimische Sträucher und Bäume. So leben die Raupen des Zitronenfalters auf Kreuzdorn oder Faulbaum, die des Baumweißlings auf Schlehe oder Weißdorn.

Brennnessel

Weißdorn

Die wichtigsten Raupen-Futterpflanzen

Brennnessel *(Urtica)*: Tagpfauenauge, Distelfalter, Kleiner Fuchs, Admiral, Landkärtchen
Brombeere *(Rubus)*: Kaisermantel, Perlmutterfalter
Disteln (*Carduus, Cirsium* u.a.): Distelfalter, Admiral
Dill, Wilde Möhre: Schwalbenschwanz
Faulbaum *(Rhamnus)*: Zitronenfalter
Fetthenne *(Sedum telephium)*: Apollofalter
Flockenblumen *(Centaurea)*: Scheckenfalter
Geißblatt *(Lonicera)*: Kleiner Eisvogel
Natternkopf *(Echium)*: Distelfalter
Thymian *(Thymus)*: Bläulinge
Veilchen *(Viola)*: Kaisermantel, Perlmutterfalter
Weg-Rauke *(Sisymbrium)*: Weißlinge, Aurorafalter
Weißdorn *(Crataegus)*: Segelfalter, Baumweißling
Roter Wiesenklee *(Trifolium pratense)*: Waldbläuling

Eine Schmetterlingsspirale bauen

Wie anziehend eine Schmetterlingsspirale im Garten wirkt, lässt sich am besten selbst herausfinden. Mit den passenden Pflanzen ist sie ein wahrer Magnet für schillernde Besucher wie Tagpfauenauge, Malven-Dickkopffalter oder Faulbaum-Bläuling. Auch das Gärtnerauge erfreut sich an der vielfältigen Blütenspirale.

Pflanzen setzen

Trockener Standort
1 Sommersalbei
2 Hufeisenklee
3 Thymian
4 Natternkopf
5 Hornklee
6 Moschusmalve
7 Leimkraut
8 Schleifenblume
9 Knoblauchrauke
10 Platterbse
11 Gewöhnlicher Wasserdost
12 Blutweiderich
13 Rotklee
Feuchter Standort

Spirale bauen

a Boden ausheben
b erste Schicht Schotter
c mit Erde auffüllen
d Steine aufschichten

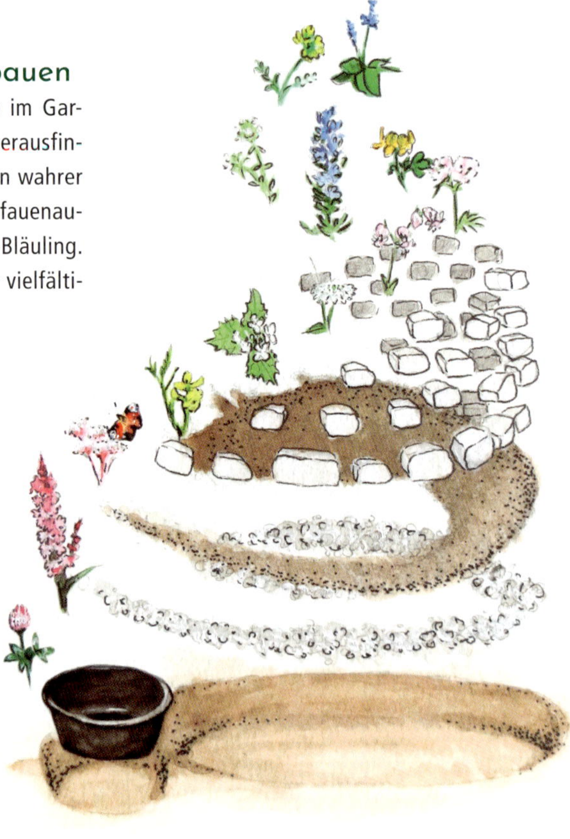

Kleine Schmetterlingsoase auf dem Balkon

Auf dem Balkon werden Schmetterlinge wahrscheinlich keine Dauergäste. Für vorbeifliegende Falter kann er als Raststätte durchaus eine Rolle spielen. Blühende Kletterpflanzen bieten reichlich Nektar und sind für Schmetterlinge Ruheplatz und »Imbiss-Station«. In Blumenkästen lieben die Schmetterlinge alles, was duftet und leicht zugänglich ist. Auch bei Balkonblumen gibt es Arten, die insektenfreundlicher sind als andere, vor allem diejenigen mit einfachen ungefüllten Blüten. Auf die beliebten, aber nektararmen Geranien sollte man jedoch verzichten. Blühende Küchenkräuter duften nicht nur gut, sie sind auch eine gute Futterquelle. Ein Gefäß mit Lavendel, Phlox und mehrjährigem Salbei kann über viele Jahre hinweg auf dem Balkon und der Terrasse blühen und als Nahrungsquelle für die Bienen und Schmetterlinge dienen.

MIT FUTTERSTELLEN ANLOCKEN

Schmetterlinge lieben süße Früchte und Zuckerwasser. Diese Kenntnis kann man sich zunutze machen und spezifische Futterstellen im Garten anbringen. Besonders gut eignen sich dafür erhöht hängende Schalen, auf denen die Falter problemlos landen können, zum Beispiel ein Plastikteller oder ein Topfuntersetzer. Man bohrt seitlich Löcher ein, führt Draht hindurch und hängt die Schale an einem Baum auf, am besten in der Nähe von Pflanzen, die von Schmetterlingen aufgesucht werden. Nun mischt man verschiedene Breie aus Zucker, Sirup, Obst oder Honig zusammen und bestreicht die Schale damit. Die Futterstelle sollte in einem sonnigen, windgeschützten Gartenbereich angebracht werden, in dem sich Insekten im Sonnenschein wärmen, erholen und ungestört stärken können. Schmetterlinge werden diese zusätzliche Nahrungsquelle gerne annehmen und bei ihrem Besuch im Garten Pflanzen bestäuben.

Winterhilfe

Schmetterlingsschutz im Garten bedeutet auch, den Faltern in der nassen und kalten Jahreszeit Unterschlupf zu bieten. Deshalb räumt man im Herbst den Garten nicht völlig ab und lässt einige Blütenstände und Gräser stehen. Manche Arten überwintern als Puppe an einem Zweig oder Blatt, gerne in Kletterpflanzen wie Efeu oder in Laubhaufen. Auch Reisig- und Steinhaufen laden müde Falter zur Winterruhe ein. Der Zitronenfalter ist so ein Überlebenskünstler. Bis zu -20° C kann er sogar ungeschützt überstehen. Ein spezielles »Frostschutzmittel« in seinem Blut bewahrt ihn vor dem Erfrieren. Tagpfauenauge und Kleiner Fuchs dagegen vertragen keinen Frost. Sie suchen sich durch offene Fenster oder Luken ein geschütztes Plätzchen in Geräteschuppen, Kellern oder auf Dachböden. Wenn sie im zeitigen Frühjahr aus ihrer Kältestarre erwachen, geht es wieder nach draußen. Deshalb müssen entsprechende Fenster und Dachluken wenigstens einen Spalt weit geöffnet sein. Wartet im Garten eine blühende Salweide auf, können sie sich schon einmal sattessen.

SCHMETTERLINGE

IM PORTRÄT

Auf den folgenden Seiten werden 20 der bekanntesten einheimischen Tagfalter nach Familien geordnet (Edelfalter, Weißlinge, Augenfalter, Bläulinge) vorgestellt. Die leicht verständlichen Steckbrieftexte informieren über Kennzeichen, Flugzeit und Lebensweise sowie über Verpuppung der Raupe und Überwinterung. Die eindrucksvollen Fotos spiegeln die Faszination wider, die von den Schmetterlingen ausgeht.

KAISERMANTEL

Argynnis paphia

Der Kaisermantel kommt fast in ganz Europa, außer in Nordskandinavien und Südspanien, vor. Er hält sich vorwiegend an sonnigen, offenen Waldrändern und -lichtungen mit einem reichhaltigen Blütenangebot auf.

Kennzeichen
Flügelspannweite 5,5–7 cm. Männchen kräftig orangebraun mit schwarzen Flecken und Streifen, unterseits mit überwiegend olivgrüner Grundfarbe, Hinterflügel mit zarter, silbriger Bänderung; Weibchen dunkler gemustert.

Flugzeit
Ende Juni bis Mitte September in einer Generation.

Lebensweise
Falter besucht Blütenpflanzen, vor allem Disteln. Das Weibchen legt seine Eier einzeln auf Baumstümpfe.

Raupe
Schwarzbraun mit zwei orangegelben Rückenlinien und langen, rötlich-braunen Dornen. Sie tritt ab Spätsommer in Erscheinung und versteckt sich bis zum Herbst. Frisch geschlüpft frisst sie nur ihre Eihülle und beginnt erst im Frühjahr an ihren Futterpflanzen (ausschließlich Veilchenarten) zu fressen. Verpuppt sich meist in der Bodenvegetation zu einer Stürzpuppe.

Überwinterung
Als Jungraupe in Baumritzen.

TAGPFAUENAUGE

Inachis io

Der bekannteste und häufige Schmetterling kommt, außer in Nordschottland und Nordskandinavien, in ganz Europa vor. Man findet ihn in Parks und Gärten, Obstgärten, an blumenreichen Waldrändern und in feuchten Wiesen. Man kann das Tagpfauenauge bereits im Frühjahr beim Blütenbesuch (an Weiden, Schlehen, Huflattich) beobachten.

Kennzeichen

Flügelspannweite 5,5–6 cm. Grundfarbe dunkel rötlichbraun, mit schwarzgelber Zeichnung, unterseits schwarzbraun; auf allen Flügeln großer, mehrfarbiger Augenfleck.

Flugzeit

Nach der Überwinterung März bis Juni, dann Ende Juni bis Oktober in 1–2 Generationen.

Lebensweise

Falter saugt Nektar an vielerlei Blüten (Disteln). Weibchen legt die Eier in Häufchen auf die Blattunterseite der Raupenfutterpflanze (Brennnessel).

Raupe

Schwarz mit weißen Punkten und glänzend schwarzen Dornen; Jungraupen leben in Gruppen auf Brennnesseln und trennen sich, wenn sie ausgewachsen sind; verpuppen sich meist hinter Baumrinden oder in Mauerritzen zu einer grünen oder graubraunen Stürzpuppe.

Überwinterung

Als Falter in geschützten Hohlräumen wie z. B. Dachböden.

ADMIRAL

Vanessa atalanta

Dieser Wanderfalter ist eigentlich in Südeuropa beheimatet, zieht aber jedes Jahr durch den Wind unterstützt tausende von Kilometern nordwärts und erreicht alle Regionen des Kontinents. Er hält sich in baumbestandenem Gelände und überall dort auf, wo er Blüten findet, auch in Parks und Gärten.

Kennzeichen

Flügelspannweite 5–6 cm. Schwarzbraun mit roten Bändern und weißen Flecken. Flügel unterseits dunkelbraun, lebhaft schwarz und blau gesprenkelt.

Flugzeit

Vom Spätfrühling bis Herbstbeginn in 2–3 Generationen.

Lebensweise

Falter trinkt gern an Fallobst und ausfließendem Baumsaft, schlägt dabei heftig mit den Flügeln, besucht auch Blüten (Disteln). Weibchen legt die Eier einzeln auf Blätter der Raupenfutterpflanze (Brennnessel) ab.

Raupe

Schwarz über grünlichgrau bis gelbbraun gefärbt, gefleckt, kurz bedornt; lebt und frisst einzeln in einem Versteck aus einem gefalteten Blatt; verpuppt sich zu einer graubraunen Stürzpuppe, die an der Unterseite des Blatts hängt.

Überwinterung

Als Falter, nördlich der Alpen aber sehr selten und nur vereinzelt, die meisten von ihnen wandern zurück in den Süden.

KLEINER EISVOGEL

Limenitis camilla

Dieser Schmetterling kommt hauptsächlich in Mittel- Nord- und Osteuropa vor, im Süden eher selten, in Westeuropa fehlt er ganz. Er hält sich in lichten Laubwäldern, an Waldwegen und in feuchten Auen auf, tritt aber nirgends häufig auf.

Kennzeichen

Flügelspannweite 5,2–6 cm. Oberseite schwarzbraun, weißes Band in der Mitte der Flügel; Muster der Unterseite ähnlich, aber graublau und gelbbraun, mit zwei Reihen schwarzer Flecken am Hinterflügelrand.

Flugzeit

Mitte Juni bis Mitte August in einer Generation; im Süden teilweise von Mai bis September in zwei Generationen.

Lebensweise

Fliegt meist in geringer Höhe über dem Boden, saugt an nasser Erde, besucht auch Blüten (Brombeerblüten). Die Weibchen legen die Eier auf die Blattoberseite der Raupenfutterpflanzen.

Raupe

Die frisch geschlüpften Raupen sind braun. Sie bauen ein Dach aus einem Blatt und verbringen den Winter in seinem Schutz. Fressen dann an Geißblatt, Roter Heckenkirsche und Schneebeere; verpuppen sich zu einer weißlich grauen Stürzpuppe.

Überwinterung

Als Raupe, dann grün mit purpurroter Unterseite und zwei Reihen unterschiedlich langer Dornen.

DISTELFALTER

Vanessa cardui

Dieser Falter ist eigentlich in Afrika beheimatet, wandert aber jedes Jahr aus Südeuropa über die Alpen nordwärts nach ganz Europa. Er bevorzugt offene, trockene Lebensräume und Gebiete, in denen es viele Disteln gibt (Name!). Der Distelfalter lässt sich aber auch in Parks und Gärten antreffen, wenn er dort nektarreiche Blüten findet (Schmetterlingsflieder).

Kennzeichen

Flügelspannweite: 5,4–6 cm. Blassorange mit schwarzen, auf den Vorderflügeln weißen Flecken. Unterseite hell- und mittelbraun marmoriert, Hinterflügel mit einer Reihe blauer Augenflecken.

Flugzeit

Wandert im April zu, dann Juni bis Oktober in 2–3 Generationen, Rückflug im Herbst.

Lebensweise

Das Weibchen legt ein-, manchmal auch zweimal Eier an den Raupenfutterpflanzen (Brennnessel, Wegerich, Gewöhnlicher Beifuß) ab.

Raupe

Grau oder schwarz mit gelben Linien an den Seiten. Frisst an einer Hülle aus zwei zusammengesponnenen Blättern. Verpuppt sich im Schutzgespinst zu einer graubraunen Puppe mit goldglänzenden Flecken.

Überwinterung

Als Falter, jedoch nur südlich der Alpen.

KLEINER FUCHS

Aglais urticae

Er kommt in ganz Europa bis in Höhen von 3000 m vor und zählt zu den bekanntesten Schmetterlingen. Man findet ihn in Parks, Gärten, Heckenlandschaften, wo er gerne die Blüten von Sommerflieder oder Fetthenne besucht sowie überall dort, wo die Raupenfutterpflanze (ausschließlich Brennnessel) wächst.

Kennzeichen

Flügelspannweite 4,5–5 cm. Grundfarbe orangerot mit schwarzer Zeichnung, Flügelränder mit schwarzen und blauen Halbmonden. Unterseite dunkel, fast schwarz.

Flugzeit

Mitte Mai bis September, nach Überwinterung erneut ab Februar bis Mai in 2–3 Generationen.

Lebensweise

Bei Faltern der zweiten und dritten Generation häufig Wandertrieb. Weibchen legt die Eier in Häufchen auf der Unterseite junger Blätter ab.

Raupe

Schwarz mit gelben Längsstreifen, dornig behaart; Raupen leben bis zur letzten Häutung zum Schutz in einem gemeinsamen Nest; verpuppen sich dann einzeln oft weit entfernt von der Futterpflanze zu einer graubraunen Stürzpuppe mit goldglänzenden Flecken.

Überwinterung

Als Falter in geschützten Schlupfwinkeln wie Dachböden und Kellern.

C-FALTER

Polygonia c-album

Außer im hohen Norden kommt der häufige Schmetterling in ganz Europa bis in Höhen von 2000 m vor. Sein Lebensraum erstreckt sich auf offenes Waldland, Hecken, Parks und Gärten.

Kennzeichen

Flügelspannweite 4,5–5 cm. Auffällig gezackte Flügelränder; oberseits leuchtend orangebraun mit dunkelbraunen bis schwarzen Flecken; unterseits dunkelbraun, manchmal grün marmoriert mit einem weißen C (Name!) auf dem Hinterflügel.

Flugzeit

In einer Generation Mitte Juni bis Oktober, nach der Überwinterung nochmals ab März bis Mitte Mai. In zwei Generationen von Ende Juni bis in den Herbst und nach der Überwinterung bis in den Frühling.

Lebensweise

Falter sind häufig an Beerensträuchern zu finden, wo sie Nektar und Beerensaft saugen. Die Weibchen legen jährlich zweimal ihre Eier einzeln an den Futterpflanzen (Salweide, Brennnessel, Stachelbeere, Rote Johannisbeere) ab.

Raupe

Schwarz, orangerot gebändert, mit großem, schwarzem Rückenfleck, stark bedornt. Verpuppt sich zu einer schlanken, graubraunen Stürzpuppe.

Überwinterung

Als Falter der zweiten Generation.

FEURIGER PERLMUTTERFALTER

Argynnis adippe

Dieser Schmetterling ist überall in Europa, mit Ausnahme von Nordskandinavien, verbreitet. Man findet ihn vor allem in offenem Hügelland und auf Dünen am Meer. In Deutschland gilt der Feurige Perlmutterfalter als gefährdet!

Kennzeichen

Flügelspannweite 4–4,5 cm. Oberseits orange mit schwarzer Musterung, unterseits der grünlichen Hinterflügel sitzen für die Art typische rundliche Perlmuttflecken. Männchen tragen auf der Oberseite der Vorderflügel gut erkennbare Duftschuppenstreifen; Weibchen etwas größer als die Männchen und auf der Flügeloberseite dunkler.

Flugzeit

Von Juni bis August in einer Generation.

Lebensweise

Die Falter saugen Nektar an Korbblütlern und Disteln. Die Weibchen legen ihre Eier an den Blättern der Futterpflanzen (Veilchen-Arten) ab.

Raupe

Grau, am Rücken eine breite, schwarze Längsbinde. Überwintert bereits zum Schlupf entwickelt im Ei, schlüpft aber erst im Frühjahr; verpuppt sich an kräftigen Blattstängeln in Bodennähe zu einer plumpen Stürzpuppe.

Überwinterung

Als Ei, in dem die kleine Raupe bereits entwickelt ist.

BALDRIAN-SCHECKENFALTER

Melitaea diamina

Der Falter kommt in Europa, außer in Süditalien, auf der Iberischen Halbinsel, den Britischen Inseln und in Nordskandinavien vor. In Deutschland ist er rückläufig. Am Alpennordrand mit vielen Magerrasen trifft man ihn noch regelmäßig, in Norddeutschland eher selten.

Kennzeichen

Flügelspannweite 3,4–4,2 cm. Dunkelbraun mit orangebraunen Flecken. Unterseite der Hinterflügel orange, gelb mit weißen Randmonden; Weibchen häufig heller und stärker gefleckt.

Flugzeit

Ende Mai bis Ende August in einer Generation.

Lebensweise

Falter suchen auf verschiedenen Pflanzen (Wiesenflockenblume, Witwenblume, Kratzdistelarten) nach Nektar. Die Weibchen legen ihre Eier in kleinen Grüppchen unter die Blätter der Futterpflanzen.

Raupe

Plump, schwarzgrau mit weißen Seitenlinien und orangegelben, kurzen Dornen. Verpuppt sich an der Nahrungspflanze oder unter Steinen zu einer weißen Stürzpuppe mit schwarzoranger Zeichnung.

Überwinterung

Als junge Raupe in einem gemeinschaftlichen Nest unter Blättern.

LANDKÄRTCHEN

Araschnia levana

Dieser Falter ist in den gemäßigten Regionen Mittel- und Osteuropas zu Hause. Er bewohnt offenes, lichtes Waldland und Auen, bevorzugt in schattigen Bereichen. Kommt bei uns jährlich in zwei Generationen vor.

Date

Kennzeichen

Flügelspannweite 3,2–4 cm. Die Frühjahrsgeneration hell orangebraun, dunkelbraun und weiß gefleckt, die Sommergeneration (Bild) schwarzbraun mit weißen Binden, die Unterseiten rötlichbraun mit stark geäderter Zeichnung (Name!). Die Färbung der entstehenden Falter wird in erster Linie durch die Umgebungstemperatur bestimmt.

Flugzeit

Ende April bis Mitte Juni und Anfang Juli bis Ende August in zwei Generationen.

Lebensweise

Die Falter der Sommergeneration saugen bevorzugt an weißen Doldenblütlern. Die Weibchen legen 8–10 Eier in Türmchen auf Brennnesselblättern ab, was das Landkärtchen von den anderen heimischen Tagfaltern unterscheidet.

Raupe

Schwarz mit zahlreichen dunklen Dornen. Lebt gesellig auf der Futterpflanze; verpuppt sich zu einer grauen Stürzpuppe. Die Falter der Sommergeneration schlüpfen nach 2–3 Wochen.

Überwinterung

Frühjahrsgeneration als Puppe, Falter schlüpfen erst im darauffolgenden Frühjahr.

SCHWALBENSCHWANZ

Papilio machaon

Der wanderfreudige Schwalbenschwanz ist in ganz Europa, außer in Irland, weitverbreitet und zählt zu den schönsten und größten Tagfaltern. Besonders beeindruckend ist sein flatternder und segelnder Flug. Man findet ihn bis in 2000 m Höhe vorwiegend auf blütenreichen Magerwiesen, Ödland, aber auch in Gärten.

Kennzeichen

Flügelspannweite 6–8 cm. Vorderflügel hellgelb mit kräftiger, schwarzer Zeichnung, Hinterflügel mit blaubestäubter Binde, verlängert, erinnern an einen Schwalbenschwanz (Name!), die Innenränder ziert ein kleiner, roter Fleck.

Flugzeit

Von März bis September in 2–3 Generationen.

Lebensweise

Den Faltern bieten Kratzdistel, Rotklee und Löwenzahn eine optimale Nektarquelle; die Weibchen legen die Eier einzeln an Stängeln und Blättern der Futterpflanzen (Doldenblütler wie Wilde Möhre, Fenchel) ab.

Raupe

Schwarzweiß mit roten Warzen, später grünlich mit schwarzen Querstreifen; verpuppt sich an einem Pflanzenstängel zu einer grünen oder braunen Gürtelpuppe.

Überwinterung

Als Puppe, oft abseits der Futterpflanze.

SEGELFALTER

Iphiclides podalirius

In Europa kommt der Schmetterling hauptsächlich südlich der Alpen, nördlich davon nur in milden Regionen vor. Man trifft ihn zuweilen auch in Weinbergen und Gärten an. Aufgrund seiner Größe und sehr lebhaften Färbung gilt der Segelfalter als einer der schönsten Tagfalter Mitteleuropas.

Kennzeichen

Flügelspannweite 6–7,5 cm. Oberseits beide Flügelpaare cremefarben bis hellgelb gefärbt; Vorderflügel mit je sechs dunkelgrauen bis schwarzen, unterschiedlich langen Streifen. Hinterflügel mit deutlich längeren Schwanzfortsätzen und schwarzblauen Augenflecken.

Flugzeit

Anfang April bis Ende August in einer, in wärmeren Gebieten zwei Generationen.

Lebensweise

Falter schweift weit umher, nutzt thermische Aufwinde zum Segeln (Name!); vorzugsweise besucht er Lavendel und Nachtviolen; Weibchen legen die Eier einzeln an die Blätter der Futterpflanzen (Schlehdorn, Weißdorn).

Raupe

Sehr dick, grün mit braunen Flecken; stülpt zur Abschreckung von Feinden im Nacken eine gelbe Duftdrüse hervor. Verpuppt sich an einem Zweig der Futterpflanze zu einer Gürtelpuppe.

Überwinterung

Als Puppe.

BAUMWEISSLING

Aporia crataegi

Der Schmetterling ist in ganz Europa, außer in Nordskandinavien und auf den Britischen Inseln, verbreitet. Man trifft ihn in offenem Gelände, an blumenreichen Waldwiesen, Hecken, in Parks, Gärten und Obstgärten. Er ist nicht sehr ortstreu und wandert gern umher. Kann lokal gehäuft auftreten, dann jahrelang wieder ausbleiben.

Kennzeichen

Flügelspannweite 6–7 cm. Weiße, manchmal fast transparente Flügel, auf denen sich schwarze Ränder und Adern hervorheben; Männchen immer mit kleinem, schwarzem Fleck auf den Vorderflügeln, fehlt häufig beim Weibchen. Raschelndes Fluggeräusch.

Flugzeit

Mitte Mai bis Anfang Juni in einer Generation.

Lebensweise

Der Falter saugt bevorzugt an rotvioletten Blüten (Rotklee, Flockenblume, Kartäusernelke). Die Weibchen legen die 50–100 Eier in Haufen in Hecken an Blättern von Schlehen und Weißdorn ab.

Raupe

Aschgrau mit schwarzen und orangen Längsstreifen, dicht behaart; lebt gesellig in einem Gespinst an den Blättern der Futterpflanzen; verpuppt sich zu einer gelben, schwarz getupften Gürtelpuppe.

Überwinterung

Als Puppe.

ZITRONENFALTER

Gonepteryx rhamni

Das Verbreitungsgebiet erstreckt sich über ganz Europa (außer Schottland und Nordskandinavien). Zitronenfalter sind ständig auf Wanderschaft und an Waldrändern, auf buschbestandenen Flächen, aber auch in Parks und Gärten zu finden.

Kennzeichen

Flügelspannweite 5–6 cm. Vorder- und Hinterflügel mit kleinen, spitzen Zipfeln, jeweils mit einem kleinen orangefarbenen Punkt in der Flügelmitte; Männchen kräftig zitronengelb, Weibchen gelblich bis grünlich-weiß.

Flugzeit

In gemäßigten Regionen von Juni bis Juli in einer Generation, in heißen Gebieten manchmal in 2–3 Generationen von Mai bis Oktober.

Lebensweise

Falter suchen verschiedene Pflanzen zum Saugen von Nektar auf (Sommerflieder, Disteln, Herbstlöwenzahn); die Weibchen legen die Eier einzeln auf den Futterpflanzen ab (Kreuzdorn, Faulbaum).

Raupe

Grün mit weißen Seitenstreifen, unbehaart; verpuppt sich in einem feinen Gespinst an einem Stängel der Futterpflanze.

Überwinterung

Als Falter, ohne ein geschütztes Versteck aufzusuchen. Eine Art »Frostschutzmittel« in seiner Körperflüssigkeit verhindert das Erfrieren.

POSTILLON

Colias croceus

Der Postillon oder Wander-Gelbling ist in den warmen Gebieten Europas verbreitet. Der schnelle Flieger zieht als Wanderfalter über weite Strecken auch nordwärts und wurde in Höhen bis zu 3 200 m beobachtet. Er besucht Heide- und offene, blumenreiche Graslandschaften.

Kennzeichen

Flügelspannweite 4,5–5,2 cm. Männchen orangegelb mit schwarzem Rand, auf jedem Vorderflügel ein schwarzer Punkt; Weibchen dunkler mit stärkeren, schwarzen Markierungen, Unterseite gelb.

Flugzeit

Anfang April bis Anfang November in 2–3 Generationen.

Lebensweise

Falter saugt an nektarreichen Blüten (Löwenzahn, Rotklee, Flockenblume, Habichtskraut, in Gärten Tagetes); Weibchen legt die Eier einzeln auf der Blattoberseite der Futterpflanzen ab.

Raupe

Dunkelgrün mit gelborangen Seitenlinien, ähnelt einem Blatt; lebt vor allem auf Luzerne, Hornklee und Wicken; verpuppt sich zu einer grünen Gürtelpuppe.

Überwinterung

Als Raupe, aber nur in frostfreien Regionen oder extrem milden Wintern; im nördlichen Verbreitungsgebiet jährliche Neubesiedelung durch wandernde Falter.

KLEINER KOHLWEISSLING

Pieris rapae

Der Kleine Kohlweißling zählt in Mitteleuropa zu den häufigsten Tagfaltern und ist oft auf blütenreichen Wiesen, in Parks und Gärten, offenen Kulturlandschaften und an Waldrändern zu sehen. Er fliegt schon früh im Jahr umher und lässt sich bis in den späten Herbst beobachten.

Date

Kennzeichen

Flügelspannweite 4–5 cm. Cremeweiße Flügeloberseiten mit leicht grauen Spitzen; Männchen mit einem, Weibchen mit zwei grauen Flecken; beide unterseits hellgraugelb bis grünlichgelb.

Flugzeit

Mitte März bis Oktober in 1–4 Generationen.

Lebensweise

Falter sucht an Wiesen-Flockenblume, Wiesen-Salbei und Lavendel nach Nektar; Weibchen legen die Eier meist einzeln an den Blattunterseiten der Futterpflanzen ab.

Raupe

Hellgrün mit feiner, gelber Rückenlinie, kurz behaart. Frisst in der ersten Generation an Raps und Ackersenf, in der zweiten Generation vorzugsweise an Kohlarten (im Innenbereich) und kann manchmal in Gemüsegärten zur Plage werden; verpuppt sich an einer Futterpflanze zu einer Gürtelpuppe.

Überwinterung

Als Puppe.

AURORAFALTER

Anthocharis cardamines

Der Falter ist in ganz Europa, außer Südspanien, bis weit in den Norden verbreitet. Er liebt offenes Waldland, feuchte, blumenreiche Wiesen und besucht Gärten.

Kennzeichen

Flügelspannweite 3,5–4,5 cm. Grundfarbe weiß mit grauen Vorderflügelspitzen, beim Männchen äußere Vorderflügelhälfte leuchtend orange, Weibchen ohne Orangefärbung, Unterseite bei beiden Geschlechtern grünlich marmoriert.

Flugzeit

Ende März bis Juli in einer Generation.

Lebensweise

Der Falter ist ein fleißiger Blütenbesucher (Phlox), ruht dabei mit zusammengeklappten Flügeln, die marmorierte Unterseite verleiht ihm eine gute Tarnung; Das Weibchen legt die Eier einzeln an Stängel und Blütenknospen der Raupenfutterpflanzen (Wiesenschaumkraut) ab.

Raupe

Grün, auf der Unterseite dunkler mit breiten, weißen Seitenstreifen; frisst die Blüten und Samenkappen ihrer Futterpflanzen; verpuppt sich an einem nahegelegenen Pflanzenstängel zu einer schlanken, gebogenen, grünen oder bräunlichen Gürtelpuppe, die wie eine Samenhülse aussieht.

Überwinterung

Als Puppe, bisweilen zweimal.

SCHACHBRETT

Melanargia galathea

Das Schachbrett ist der »Schmetterling des Jahres 2019« und außer auf der Iberischen Halbinsel in ganz Süd-, Südost- und Mitteleuropa weit verbreitet. Man trifft ihn auf Wiesen und Lichtungen, an Straßenrändern und Böschungen, bevorzugt mit kalkhaltigem Boden.

Kennzeichen

Flügelspannweite 4–5 cm. Oberseite mit schwarz-weißer, schachbrettartiger Zeichnung, Unterseite heller, weniger kontrastreich gefeldert mit mehreren kleinen Augenflecken, Männchen grau und weiß, Weibchen gelblich-braun und weiß gemustert.

Flugzeit

Ende Mai bis Anfang September in einer Generation.

Lebensweise

Der Falter saugt häufig Nektar an Flockenblumen, Skabiosen, Kratz- und Ringdisteln. Die Weibchen legen ihre Eier im Flug ab.

Raupe

Blassbraun oder gelblich-grün mit rotbraunem Kopf, kurz behaart. Ernährt sich von verschiedenen Gräsern. Sie ist nachtaktiv und wechselt im Laufe der Entwicklung die Futterpflanzen. Verpuppt sich am Boden, meist aufrecht an einem Grashalm zu einer weißlichen oder gelblichen Puppe.

Überwinterung

Als Raupe, ohne Nahrungsaufnahme.

KLEINES WIESENVÖGELCHEN

Coenonympha pamphilus

Kommt in ganz Europa mit Ausnahme des höchsten Nordens in Niederungen und bis in 1 800 m Höhe vor; Lebensraum Trockenwiesen, Bergwiesen, Waldränder sowie Sand- und Kiesgruben; ist in Mitteleuropa einer der häufigsten Tagfalter.

Kennzeichen

Flügelspannweite 3,2–3,8 cm. Flügeloberseite gelblich- bis rotorange mit grauen Rändern, kleiner, schwarzer Augenfleck auf der Oberseite der Vorderflügelspitze, auf der Unterseite größer, mit weißem Kern und hell umrandet. Unterseite der Hinterflügel weißgelb, grau oder gräulich mit einer angedeuteten Querbinde.

Flugzeit

Mitte März bis Mitte Oktober in 2–3 Generationen.

Lebensweise

Die Falter saugen an Wiesenkräutern und Stauden (Schafgarbe, Wiesen-Flockenblume, Wasserdost); Weibchen legen die Eier bodennah einzeln an Stängeln von Süßgräsern ab.

Raupe

Grün mit dünnen Längsstreifen, kurz behaart. Frisst vorwiegend nachts an verschiedenen Gräsern; verpuppt sich am Halm einer Futterpflanze zu einer dicken, grünen Stürzpuppe.

Überwinterung

Als junge Raupe am Boden.

HAUHECHEL-BLÄULING

Polyommatus icarus

Diese Bläulings-Art kommt in ganz Europa bis zur Arktis, in Gebirgen bis in 2000 m Höhe vor. Man findet den Hauhechel-Bläuling auf ungedüngten, blütenreichen Wiesen, an Böschungen, Dämmen und in der offenen Feldflur, auch in Parks und Gärten trifft man ihn.

Kennzeichen

Flügelspannweite 2,7–3,5 cm. Männchen mit intensiv blauer bis blauvioletter Flügeloberseite, Weibchen braune Flügeloberseite, mit einem kleinen Blauanteil und orangen Flecken auf der Oberseite des Hinterflügels; bei beiden Geschlechtern Flügelunterseite graubraun mit schwarzen, weiß umrandeten Punkten und Strichen.

Flugzeit

Anfang April bis Mitte Oktober in 2–3 Generationen.

Lebensweise

Falter saugt an verschiedenen Blüten (Disteln, Wiesen-Flockenblume), aber auch an feuchten Stellen am Boden; Weibchen legt die Eier einzeln in Blüten oder an Knospen der Futterpflanzen.

Raupe

Grün, gedrungen, kurz borstig behaart, lebt an verschiedenen Kleearten, vor allem an gewöhnlichem Hornklee; verpuppt sich am Boden der Futterpflanze zu einer glatten, glänzenden Puppe.

Überwinterung

Als junge Raupe.

SCHMETTERLINGS-PFLANZEN

IM PORTRÄT

Die meisten heimischen Schmetterlinge ernähren sich von Blüten. Viele Pflanzen sind auf Schmetterlinge als Bestäuber angewiesen und bieten den Nektar als »Gegenleistung« für den Pollentransport. Dieses Zusammenspiel wird heute oft durch Zierpflanzen gestört, die keinen Nektar geben. Aber nur mit den richtigen Blüten lassen sich Schmetterlinge in den Garten locken.
Das folgende Kapitel beschreibt und zeigt eine Auswahl von Pflanzen, mit denen sich der eigene Garten zum Schmetterlingsparadies gestalten lässt.

BARTBLUME

Caryopteris clandonensis

Die Pflanze ist bei Gärtnern sehr beliebt, da sie auch noch im Spätsommer farbliche Akzente im Garten setzt. Die nektarreichen Blüten werden gerne von Schmetterlingen und Bienen besucht.

Merkmale

Die Bartblume ist ein bis 100 cm hoher mehrjähriger Halbstrauch mit aufrechtstehenden, graufilzig überzogenen, dünnen Trieben. Die 5–8 cm langen Blätter sind oberseits dunkelgrün, unterseits graugrün und duften stark aromatisch. Die leuchtend blauen Blüten bilden sich büschelweise von August bis Oktober in den Blattachseln der neuen Triebe.

Pflanzung und Pflege

Die Bartblume bevorzugt einen warmen, vollsonnigen, geschützten Platz mit einem trockenen, durchlässigen, kalkhaltigen Boden. Der anspruchslose Zierstrauch sollte am besten mäßig feucht gehalten werden, verträgt aber auch Trockenheit, gegen Staunässe ist er jedoch empfindlich. Regelmäßiger Rückschnitt im Frühjahr zur Förderung der Blütenbildung ist empfehlenswert.

Gartentipp

Die Bartblume lässt sich vor allem gut als Kombinationspartner für Stauden und Rosen vielseitig einsetzen. Auch zusammen mit Ziergräsern macht sie eine gute Figur. Sie eignet sich darüber hinaus sehr gut für die Kübelpflanzung.

BLAUKISSEN

Aubrieta-Hybriden

Die winzigen, immergrünen Laubblätter der Blaukissen sind zur Blütezeit von einem üppigen Blütenteppich verdeckt und somit ein Paradies für Schmetterlinge und Bienen. Die Pflanze eignet sich besonders für Steingärten.

Merkmale

Die niedrige, kriechende und immergrüne Polsterstaude wird maximal 15 cm hoch. Die kleinen, hellgrünen, ei- und spatelförmigen, 3 cm langen Blätter sind behaart, einige Sorten haben einen gezähnten Rand. Von April bis Mai präsentieren sich, je nach Sorte, die unzähligen Blüten in verschiedenen Blautönen, Violett und Rosa.

Pflanzung und Pflege

Die Jungpflanzen im zeitigen Frühjahr im Abstand von 20–30 cm nicht zu dicht setzen, da die Polster rasch größer werden. Vor der Blüte mit flüssigem Volldünger versorgen. Nach der Blüte um ein Drittel kürzen, um Verkahlung zu vermeiden. Im Winter in rauen Lagen mit Fichtenreisig abdecken.

Gartentipp

Blaukissen im Steingarten, auf Trockenmauern, entlang von Pflasterwegen und als Beeteinfassung in kleinen und großen Gruppen setzen. Sie lassen sich gut mit anderen Polsterstauden wie Gänsekresse, Schleifenblume, Polster-Phlox und Wolfsmilch kombinieren.

BLUTWEIDERICH

Lythrum salicaria

Von seinem Nektar werden verschiedene Tagfalter (Weißlinge, C-Falter, Kleiner Fuchs) und Bienen magisch angezogen. Für die Raupen einiger Nachtfalter ist er eine wichtige Futterpflanze.

Merkmale

Die bis zu 2 m hohe Wildstaude hat einen buschigen Wuchs. Die kantigen, teilweise verzweigten Stängel wachsen aus einem Rhizom heran. Die stiellosen, ovalen Blätter haben einen abgerundeten Blattgrund. Von Juli bis September öffnen sich die leuchtend dunkelrosa Blüten in einer schmalen Scheinähre an den Enden der standfesten Stängel.

Pflanzung und Pflege

Der Blut-Weiderich braucht einen sonnigen bis halbschattigen, feuchten Standort. Besonders wohl fühlt er sich am Rand eines Gartenteichs oder auf dauerfeuchten Rabatten. Blut-Weiderich lässt sich das ganze Jahr pflanzen, die Jungpflanzen setzt man im Abstand von 50 cm. Die winterharte Staude benötigt keine besondere Pflege. Eine Grunddüngung mit Kompost im Frühjahr ist ausreichend.

Gartentipp

In Beeten macht er zwischen Indianernessel und Wasserdost eine gute Figur. Ab Herbst sind auch die trockenen Stängel mit den Samenständen eine echte Zierde im Garten.

BROMBEERE

Rubus fruticosus

Mit der Pflanzung von Beerensträuchern im Garten kann man vielen Schmetterlingen (u. a. Kaisermantel, Perlmutterfalter) und ihren Raupen einen Gefallen tun.

Merkmale

Die Stängel der 50–200 cm hohen, ausdauernden Kletterpflanze sind je nach Sorte mehr oder weniger stachelig und verholzen mit der Zeit; an den Trieben sitzen wechselständig unpaarig gefiederte Blätter; erst im zweiten Jahr bildet die Pflanze am Ende von speziellen Seitentrieben von Mai bis Oktober zartrosa Blüten aus.

Pflanzung und Pflege

Brombeeren brauchen einen sonnigen Standort mit einem humusreichen, gut durchlässigen Boden. Sie werden nur als Containerpflanzen angeboten und können ganzjährig gepflanzt werden, in kalten Regionen ab Mai, in milderen im Herbst. Man setzt die Sträucher an Spaliere und schneidet nach der Pflanzung die Ruten auf etwa 30 cm Länge zurück. Im März mit reifem Kompost versorgen, bei Trockenheit rechtzeitig gießen, bevor der Boden ausgetrocknet ist.

Gartentipp

An einem vollsonnigen Platz trägt der Brombeerstrauch viele Blüten, was den Besuch von Schmetterlingen und Insekten garantiert.

DILL

Anethem graveolens

Dill, auch Gurkenkraut genannt, stammt ursprünglich aus Vorderasien und Indien, ist jedoch mittlerweile in ganz Europa eingebürgert und eine der meist angebauten Gewürzpflanzen.

Merkmale

Dill ist eine einjährige, 50–120 cm hohe, aufrecht wachsende Pflanze. Aus einer spindelförmigen Wurzel erhebt sich ein hohler Stängel mit fein gefiederten Blättern und im Juli/August kleinen, gelben, in großen, lockeren Dolden zusammengefassten Blüten.

Pflanzung und Pflege

Das Kraut bevorzugt einen warmen, sonnigen Standort mit einem lockeren, humusreichen Boden. Die Aussaat erfolgt im April direkt ins Freiland im Reihenabstand von 20 cm in 1 cm tiefe Rillen; Folgesaaten sind bis Juni möglich; ab und an den Boden lockern, sodass es nicht zu Verdichtungen kommt und das Wasser gut abfließen kann; gelegentliche Pflanzenjauchen fördern das Wachstum der Triebe; zu dichte Reihen auslichten, bei längerer Trockenheit gießen.

Gartentipp

Das Gewürzkraut ist nicht nur für uns schmackhaft, die Blüten sind eine wertvolle Bienenweide und ziehen vor allem den Schwalbenschwanz magisch an.

DUFTVEILCHEN

Viola odorata

Das Duftveilchen, wegen seiner frühen Blüte auch Märzveilchen genannt, macht seinem Namen alle Ehre. Zeitig im Frühjahr und im späten Sommer verströmen die Blüten einen intensiven Duft, der sogar in der Parfumindustrie Verwendung findet.

Merkmale

Das Duftveilchen ist eine winterharte, mehrjährige, oft teppichartig wachsende, 10–25 cm hohe Kleinstaude. Aus einem Wurzelstock entwickeln sich die Blühtriebe und Ausläufer. Die grünen, nierenförmigen, manchmal herzförmigen Blätter sind gestielt. Die tiefvioletten, rosa oder weißen Einzelblüten öffnen sich im März/April, Nachblüte im September/Oktober.

Pflanzung und Pflege

Das Duftveilchen fühlt sich an einem halbschattigen bis schattigen Platz mit leicht feuchtem, nährstoffreichem Boden wohl. Die Jungpflanzen setzt man im Frühjahr oder Herbst in Tuffs im Abstand von 20 cm. Die äußerst pflegeleichte Staude kann man sich nahezu selbst überlassen. Nur bei anhaltender Trockenheit zusätzlich wässern. Eine kleine Kompostgabe fördert das Wachstum.

Gartentipp

In dichten Gruppen gepflanzt eignet sich das Veilchen sehr gut zur Unterpflanzung von Sträuchern und Laubbäumen sowie von Rosen.

FETTHENNE

Sedum spectabile

Die Fetthenne verzaubert mit filigranen Blüten ihr Umfeld. Die in vielen Blütenfarben erhältliche, äußerst pflegeleichte Pflanze ist bei Gärtnern beliebt, da sie mit einer langen Blütezeit verwöhnt. Dies macht sie auch zum Magneten für Schmetterlinge, Bienen und andere Insekten.

Merkmale

Die kleine sukkulente Staude wächst horstig und aufrecht bis zu 50 cm hoch; von Juli bis tief zum Winter zeigt sie ihre purpurroten Blüten; die vielen, kleinen, sternförmigen Einzelblüten sitzen dicht in großen und auffälligen Dolden zusammen; die fleischigen, hellgrünen, großen Blätter dienen als Wasserspeicher.

Pflanzung und Pflege

Die Fetthenne liebt einen sonnigen Standort mit einem trockenen bis leicht frischen Boden. In der Gruppe arrangiert rechnet der Gärtner bis zu 6 Exemplaren pro Quadratmeter mit einem Pflanzabstand von 45 cm ein. Das Fettblatt bildet nach der Blüte Samenstände aus, die auch in der kühlen Jahreszeit schmückend wirken.

Gartentipp

Höherwüchsige Stauden werden gerne in kleinen Gruppen gepflanzt und mit Astern, Sonnenhut und Ziergräsern kombiniert.

GARTEN-GEISSBLATT

Lonicera caprifolium

Die heimische Art der Kletterpflanze gedeiht vor allem in Laubwäldern, wo sie sich an Bäumen und Büschen emporschlingt. Ihr weiterer Name »Jelängerjelieber« besagt, dass man den süßen Duft ihrer zahlreichen Blüten möglichst lange genießen möchte und der auch Schmetterlinge und Bienen anlockt.

Merkmale

Der anspruchslose, schnell wachsende, sommergrüne, 3–5 m hohe Schlingstrauch wird bis 3 m breit. Die Blätter sind kreuzgegenständig, kurzgestielt oder sitzend, oberseits grün, unterseits bläulich schimmernd, bis 10 cm lang. Von Mai bis Juni öffnen sich die röhrigen, intensiv duftenden, außen weißen bis hellgelben und oft rosa überlaufenen Blüten.

Pflanzung und Pflege

Das Garten-Geißblatt gedeiht an einem halbschattigen Standort mit frischem, humosem, nährstoffreichem Boden.

Gartentipp

Die Schlingpflanze kann nicht so ohne Weiteres an Häuserwänden emporranken. Wer mit der Blütenpracht der Pflanze seine Umgebung verschönern möchte, sollte an stabile Rankhilfen wie Pfosten, Seile oder Drähte zur Unterstützung des Wuchses denken.

GEWÖHNLICHE STOCKROSE

Alcea rosea

Stockrosen bilden mit rund 60 Arten eine eigene Gattung in der Familie der Malvengewächse *(Malvaceae)*. Die Gewöhnliche Stockrose, auch Stockmalve genannt, ist im Bauergarten eine beliebte Zierpflanze.

Merkmale

Die schlanke bis zu 2 m hohe Pflanze ist zweijährig. Im ersten Jahr bildet sich nur eine Blattrosette, aus der im zweiten Jahr ein langer, gerader, wenig verzweigter, behaarter Blütenstängel wächst. Die alleine oder paarweise in den Blattachseln angeordneten, weißen, gelben, rosa, roten oder violetten Blüten öffnen sich von Juli bis September. Sie sind von großen, rauen, mattgrünen Laubblättern umgeben.

Pflanzung und Pflege

Die Stockrose gedeiht an einem windgeschützten, vollsonnigen Platz mit nährstoffreichem, frischem Boden. Jungpflanzen setzt man im September im Abstand von 40–50 cm. Regelmäßiger Rückschnitt der abgeblühten Pflanzen sorgt für eine laufende Verjüngung. Im Frühjahr mit Kompost düngen.

Gartentipp

Stockrosen machen sich in kleinen Gruppen gut im Hintergrund von Beeten und Rabatten, entlang von Zäunen oder Mauern und Hauswänden.

GEWÖHNLICHER LIGUSTER

Ligustrum vulgare

Zur Gattung *Ligustrum* zählen mehrere Wildarten, von denen der Gewöhnliche Liguster auch in unseren Breiten heimisch ist. Die Blüten locken mit ihrem süßen Nektar Schmetterlinge und andere Insekten an.

Merkmale

Der sommergrüne, 1–3 m hohe Strauch hat aufrechte, rutenförmige, dicht belaubte Zweige. In milden Wintern wirft er sein Laub erst im nächsten Frühjahr zum Laubaustrieb ab. Die grünlich-weißen, intensiv duftenden Einzelblüten stehen in 3–6 cm langen Rispen und erscheinen im Juni/Juli. Die Fruchtstände reifen von August bis Oktober. Die kugeligen Einzelfrüchte sind reif glänzend schwarz und hängen bis lang in den Winter am Strauch.

Pflanzung und Pflege

Liguster bevorzugt einen sonnigen Platz mit einem trockenen, sandig-lehmigen Boden. Der anspruchslose, pflegeleichte Strauch schätzt eine Kompostgabe im Frühjahr und wird durch regelmäßigen Schnitt in Form gehalten.

Gartentipp

Liguster wird gerne als Sichtschutzhecke gepflanzt und wirkt durch seine Blüten und Früchte wie ein natürlicher Wall. Für eine Hecke setzt man 4–5 Sträucher pro Laufmeter.

GEWÖHNLICHER NATTERNKOPF

Echium vulgare

Die zweijährige Wildpflanze ist in Europa und Deutschland weit verbreitet. Sie besiedelt trockene Ruderalflächen, steinige Fluren und Trockenrasen. Im Schmetterlingsgarten ist der Natternkopf eine wertvolle Nektarquelle.

Merkmale

Die zwei- oder mehrjährige, krautig wachsende Pflanze mit einer tiefreichenden Pfahlwurzel bildet im ersten Jahr eine Blattrosette, aus der im zweiten Jahr ein aufrechter, bis zu 100 cm hoher Stängel treibt. Er ist wie die schmalen, lanzettlichen Blätter mit steifen Borsten besetzt. Die anfangs rosa bis violetten, später tiefblauen Blüten öffnen sich von Mai bis Oktober in einem ährenartigen Blütenstand.

Pflanzung und Pflege

Der Gewöhnliche Natternkopf gedeiht an einem vollsonnigen Standort mit trockenem, durchlässigem Boden. Er sollte wegen seiner Pfahlwurzel in ein ausreichend tiefes Pflanzloch in einem Abstand von 40 cm gesetzt werden. Anfangs ausgiebig, nach dem Anwachsen nach Bedarf gießen.

Gartentipp

Die äußerst pflegeleichte Staude lässt sich in einem Steppenbeet gut mit Katzenminze kombinieren. Sie eignet sich auch gut für die Kübelhaltung.

GEWÖHNLICHER WASSERDOST

Eupatorium cannabinum

Die über 40 Arten des Wasserdosts stammen aus Afrika, Nord- und Südamerika, einige sind auch in Europa heimisch. Wasserdost blüht erst ab Ende Juli, wenn andere Sommerblumen bereits ihren Flor verloren haben, bis tief in den Herbst hinein und ist deshalb für Insekten und Schmetterlinge eine wichtige Nektarquelle vor dem Winter.

Merkmale

Die sommergrüne, mehrjährige, 150–200 cm hohe Pflanze hat einfache, aufrechte, häufig rötlich überlaufene Stängel mit vielen gegenständig angeordneten Blättern. In den dichten, leichtgewölbten Blütenständen befinden sich mehrere körbchenförmige Teilblütenstände, die Kronblätter sind hell- bis dunkelrosa.

Pflanzung und Pflege

Der Gewöhnliche Wasserdost wächst am liebsten an halbschattigen Plätzen mit feuchten, nährstoffreichen, humusreichen Böden. Die anspruchslose Pflanze ist mit einer Gabe Humus im Frühjahr zufrieden, im Herbst kann man zur Nährstoffversorgung rundherum eine Schicht Laub aufbringen.

Gartentipp

In herbstlichen Staudenbeeten, in denen rote und gelbe Blüten dominieren, sorgt der Gewöhnliche Wasserdost für einen kräftigen Farbkontrast.

GROSSBLÜTIGER ZIEST

Stachys grandiflora

Die Gattung *Stachys* ist weltweit mit 300 Arten verbreitet. Es gibt sowohl einjährige als auch mehrjährige Pflanzen (Stauden) sowie Halbsträucher und Sträucher. Für den Garten sind Sorten von *S. grandiflora* von Bedeutung.

Merkmale

Der Großblütige Ziest bildet ein knotiges Rhizom mit grundständigen Blattrosetten, aus denen jedes Jahr 30–50 cm hohe, behaarte Blütenstiele austreiben. Die großen, herzförmigen, am Rand gezähnten Blätter sitzen gegenständig an den Stängeln. An ihrem Ende erscheinen von Juni bis August in dichten Quirlen duftende, purpurrosa Blüten.

Pflanzung und Pflege

Am besten gedeiht S. grandiflora an einem vollsonnigen Platz mit einem frischen, durchlässigen, kalkarmen Boden. Gepflanzt wird im Frühjahr und Herbst in kleinen Tuffs im Abstand von 30–40 cm. Die winterharte Staude ist pflegeleicht und sollte nur in anhaltenden Trocken- und Hitzeperioden regelmäßig gegossen werden.

Gartentipp

Mit seinen purpurrosa Blüten macht sich die Pflanze gut im Vordergrund von halbschattigen Staudenbeeten und an einem sonnigen Gehölzrand.

GROSSE BRENNNESSEL

Urtica dioica

Bei den meisten Gärtnern sind Brennnesseln eher unbeliebt. Wer aber Besuch von Schmetterlingen haben will, muss unbedingt in seinem Garten eine Ecke für sie reservieren. Denn das »ungemütliche« Gewächs ist eine der wichtigsten, sogar ausschließliche Futterquelle für eine ganze Reihe von Tagfaltern wie Kleiner Fuchs, Tagpfauenauge, Admiral und Landkärtchen.

Merkmale

Die starkwüchsige, ausdauernde, winterharte Staude wird bis 150 cm hoch. Die Stängel sind kantig und die Blätter gegenständig angeordnet. Die bis 8 cm langen, oval zugespitzten Blätter mit tiefgesägtem Rand sind mit Brennhaaren besetzt, die bei Berührung Hautreizungen verursachen. Zwischen Juli und Oktober hängen kleine, grünliche Blüten in Rispen herab.

Pflanzung und Pflege

Brennnesseln finden sich meist ganz von selbst im Garten ein. Im naturnah gestalteten Schmetterlingsgarten hilft man gezielt durch Aussaat im Frühjahr nach und wählt einen ruhigen sonnigen Platz mit einem frischen, etwas feuchten Boden für sie.

Gartentipp

Um dann auch die genannten Falter beobachten zu können, sollte man in der Nähe der Brennnesseln gut geeignete Nektarpflanzen für sie einsetzen.

HARTRIEGEL

Cornus

Wegen seiner Blütenfülle, den zierenden Früchten und der leuchtenden Herbstfärbung des Laubs zählt der Hartriegel zu den beliebtesten Ziergehölzen im Garten.

Merkmale

Der sommergrüne, reich verzweigte Wildstrauch wird bis zu 5 m hoch. Im Frühsommer (Mai/Juni) ziert er sich mit weißen, rosa oder roten Hochblättern. Die rosa oder roten Steinfrüchte reifen von August bis Oktober. Der Rote Hartriegel (C. sanguinea) beeindruckt vor allem im Herbst durch seine blutrote Laubfärbung sowie ganzjährig mit seiner bläulich-grünen Rinde, die zur besonnten Seite gerötet ist.

Pflanzung und Pflege

Der Hartriegel braucht einen sonnigen bis halbschattigen Platz mit kalkfreiem, gut durchlässigem Boden. Das Pflanzloch sollte etwa dreimal so groß sein wie der Wurzelballen. Den Aushub mit Humus vermischen, nach dem Pflanzen kräftig angießen. Regelmäßig auslichten.

Gartentipp

Der Rote Hartriegel eignet sich auch als Heckenpflanze. In Einzelstellung ist er vor allem im Herbst aufgrund der dekorativen Rinde ein Blickpunkt.

KAPUZINERKRESSE

Tropaeolum majus

Beheimatet ist die Pflanze in Mittel- und Südamerika, wo sie seit jeher als Heilpflanze genutzt wird. Die heute bekannte Gartenform ist eine Hybride, deren Urformen sich nicht mehr zurückverfolgen lassen. Bei uns wird die Pflanze einjährig kultiviert.

Merkmale

T. majus treibt glatte, runde und saftige Stängel, die sich stark verzweigen und in schirmartigen, oberseits bläulich-grünen, wachsartigen, unterseits hellgrünen Blättern enden. Die zart duftenden, gelben, orangen oder roten, samtigen Blüten (Juni bis Oktober) sind trichterartig geformt und haben einen langen Sporn.

Pflanzung und Pflege

Die Kapuzinerkresse gedeiht am besten an einem sonnigen Platz mit leichtem, nicht zu nährstoffreichem, humosem Boden. Wegen ihres üppigen Laubs verdunstet sie viel Wasser. Vor allem bei Kübelpflanzung sollte sie im Sommer morgens und abends gegossen werden.

Gartentipp

Die Kapuzinerkresse treibt bis zu 3 m lange Ranken und eignet sich besonders zum Verschönern von Zäunen, Lauben und Mauern. Ab und an muss man die Triebe aufbinden, um einen ungezügelten Wuchs zu verhindern.

KARTHÄUSERNELKE

Dianthus carthusianorum

Im Mittelalter wurde diese Nelke von den Karthäusermönchen als Heilpflanze in den Klostergärten angebaut, daher der Name. Die Karthäusernelke ist in Deutschland selten geworden und steht unter Naturschutz. Es werden jedoch von Staudengärtnereien Nachzuchten angeboten.

Merkmale

Die polsterbildende Staude wird 15–45 cm hoch mit einem vierkantigen Stängel, an dem die flachen Laubblätter gegenständig angeordnet sind. Von Juni bis September erscheinen die rosafarbenen bis purpurroten, in mehreren endständigen Blütenständen zusammengefassten Blüten.

Pflanzung und Pflege

Die Karthäusernelke braucht einen sonnigen Platz mit einem sandigen, trockenen und durchlässigen, kalkhaltigen Boden. Die Pflanzen sind zwar kurzlebig, sorgen jedoch durch Selbstaussaat dafür, dass der Bestand nicht abnimmt. Ein Rückschnitt nach der ersten Blüte sorgt in der Regel für eine zweite Blüte.

Gartentipp

Die Karthäusernelke eignet sich gut für einen Platz im Steingarten, für die Krone einer Trockenmauer und das trockene Kiesbeet. Da sie wenig Platz braucht, kommt sie auch gut in Pflanztrögen zur Geltung.

LAVENDEL

Lavandula angustifolia

Der Lavendel ist in den Mittelmeerländern und auf den Kanarischen Inseln beheimatet. Dort überzieht er mitunter ganze Berghänge, er wird aber auch in Kulturen und Gärten angebaut.

Merkmale

Der mehrjährige, winterharte Halbstrauch hat bis zu 60 cm hohe, dicht gedrängte Stängel, an denen lanzettliche, ganzrandige, silbergrau schimmernde Blätter sitzen, die aromatisch duften. Die kleinen, dunkelblauen bis violett-blauen Blüten bilden vielblütige Wirbel und vereinigen sich zu einem bis zu 8 cm langen Blütenstand. Ältere Triebe verholzen am Grund. Blütezeit ist Juli/August.

Pflanzung und Pflege

Der Lavendel bevorzugt einen sonnigen Standort mit gut durchlässigem, kalkhaltigem Boden. Die Jungpflanzen benötigen 30 cm Abstand. Im ersten Jahr muss man den Blütenansatz abschneiden, damit die Pflanze buschiger wächst. Um die Pflanze dann in Form zu halten, wird sie jedes Jahr im Frühjahr geschnitten, ohne das alte Holz einzubeziehen. Bei Kübelkultur braucht Lavendel einen großen Topf.

Gartentipp

Lavendel wird gerne als Rabattenpflanze, Randbepflanzung von Rosenbeeten oder auf Trockenmauern eingesetzt.

MOSCHUS-MALVE

Malva moschata

Die Moschus-Malve ist eine in Europa beheimatete Pflanze. Man findet die robuste Staude an Feldrändern und Böschungen. Für den deutschlandweit gefährdeten Malven-Dickkopffalter ist sie lebenswichtig.

Merkmale

Die Moschus-Malve ist ein anspruchsloses, ausdauerndes, buschartiges, 20–60 cm hohes Gewächs, dessen Blüten einen leichten moschusartigen Geruch verströmen. Jeder Blütenstand trägt 1–3 weiß oder weiß-rosa gefärbte, 2,5 cm große Blüten. Die Pflanze blüht von Juni bis Oktober und vermehrt sich durch Insekten- oder Selbstbestäubung.

Pflanzung und Pflege

Die Moschus-Malve fühlt sich an einem vollsonnigen, warmen Platz mit einem durchlässigen, sandigen Boden wohl. Gepflanzt werden kann von Frühjahr bis Herbst, am besten in Gruppen mit 3–5 Exemplaren. Die Pflanze sollte möglichst nicht austrocknen und muss in längeren sommerlichen Trockenperioden regelmäßig gegossen werden.

Gartentipp

Vor einer grünen Hecke setzt die Staude farbenfrohe Akzente. Die Kultur in Kübeln gelingt problemlos an einem windgeschützten, nach Süden ausgerichteten Standort, Staunässe vermeiden.

PATAGONISCHES EISENKRAUT

Verbena bonariensis

Die hohe, beeindruckende Staude aus Südamerika wird in unseren Breiten meist als einjährige Pflanze, auch als Sommerblume angebaut, da sie nicht ausreichend winterhart ist. Für Schmetterlinge und Bienen bietet sie eine wertvolle Nahrungsquelle.

Merkmale

Das Patagonische Eisenkraut bildet Rosetten aus lanzettlichen, grundständigen Blättern mit gezahnten Rändern und stark verzweigten, steifen, bis 150 cm, fast blattlosen Stängeln, auf denen die kleinen, violetten Blütenkugeln zu schweben scheinen. Die Blütezeit beginnt Mitte Juli und dauert bis in den Oktober.

Pflanzung und Pflege

Die Staude gedeiht in voller Sonne auf einem fruchtbaren, durchlässigen, leicht feuchten Boden. Es empfiehlt sich Frühjahrspflanzung. Junge Pflanzen können mit einem guten Winterschutz problemlos überwintern. Ältere Exemplare sterben nach üppiger Blüte und stärkerem Frost ab. Rückschnitt der Stängel erfolgt im Herbst bis Spätherbst.

Gartentipp

Das Patagonische Eisenkraut darf in keinem Präriegarten fehlen. Es wirkt wunderbar auflockernd in gelben Rabatten und eignet sich ideal als Strukturpflanze.

PRACHTSCHARTE

Liatris spicata

Die anspruchslose und pflegeleichte Zierpflanze stammt ursprünglich aus Nordamerika und ist bei uns winterhart. Wegen ihres reichhaltigen Nektars übt sie eine hohe Anziehungskraft auf Schmetterlinge und andere Insekten aus.

Merkmale

Die Prachtscharte ist eine ausdauernde, krautig wachsende 40–100 cm hohe Staude, die unterirdisch mit verdickten Knollen überwintert. Aus einem grundständigen Blattschopf wachsen aufrechte, meist unverzweigte Stängel, an denen die grünen, lanzettlichen Blätter wechselständig angeordnet sind. Die rosaroten oder weißen, ährenartigen Blüten aus zahlreichen Blütenkörbchen erscheinen von Juli bis September.

Pflanzung und Pflege

Die Prachtscharte braucht einen warmen, vollsonnigen Platz mit lockerem, nährstoff- und humusreichem Boden. Eine Kompostgabe im Frühjahr fördert die Langlebigkeit. Nach der Blüte die Blütenähren oberhalb der Blätter abschneiden, kompletter Rückschnitt im Frühjahr.

Gartentipp

Die attraktive Staude ist ein Hingucker in jedem Staudenbeet und eignet sich in Kombination mit Ziergräsern und Phlox-Arten auch sehr gut für den Präriegarten.

RAUBLATT-ASTER

Aster novae-angliae

Die blütenreichen, farbenfrohen Büsche der Raublatt-Astern entfachen in den Herbstmonaten am Ende der Saison im Garten nochmals ein prachtvolles Farbenfeuerwerk.

Merkmale

Raublatt-Astern sind robuste, buschig wachsende, bis 2 m hohe Stauden mit aufrecht verzweigten, behaarten Stängeln und Blättern und auffallend leuchtenden Blüten. Die äußeren Zungenblüten der großen Blütenköpfe sind blau bis rosaviolett, die inneren scheibenförmigen Röhrenblüten goldgelb. Die meisten Raublatt-Astern schließen nachts die Blüten. Blütezeit ist von August bis Oktober.

Pflanzung und Pflege

Astern brauchen einen sonnigen Standort mit einem lehmig-humosen, frischen bis leicht feuchten Boden.

Die Jungpflanzen setzt man im Frühjahr im Abstand von 50–60 cm ein und überstreut sie mit organischem Dünger. Raublatt-Astern sollten alle 3–4 Jahre geteilt werden, um eine bessere Blütenbildung anzuregen. Bei längerer Trockenheit sollte man durchdringend gießen.

Gartentipp

Aufgrund ihrer Höhe pflanzt man Raublatt-Astern in Beeten am besten im mittleren und hinteren Bereich, sodass die Pflanze mindestens bis zur Hälfte von anderen Pflanzen verdeckt wird, da die Stängel im Laufe des Jahres von unten her verkahlen.

RIESEN-LAUCH

Allium giganteum

A*llium* ist eine der abwechslungsreichsten und größten Zwiebelblumen-Gattungen, zu der rund 940 ausdauernde Arten zählen. Man unterscheidet beim Lauch je nach Verwendung zwischen Zier- und Nutzpflanzen.

Merkmale

Der Riesen-Lauch ist eine 80–150 cm hohe, mehrjährige, krautige Pflanze, deren gesamte Pflanzenteile einen leichten Zwiebelgeruch verströmen. Die 6–8 grundständigen, aufrechten, gräulich-grünen, glatten Blätter werden bis zu 50 cm lang und bis zu 10 cm breit. Auf einem runden, hohlen Schaft steht der doldige, kugelige Blütenstand (April bis September). Die 6 violetten, weißen oder roten Blütenhüllblätter stehen sternförmig zusammen.

Pflanzung und Pflege

Der Riesen-Lauch braucht einen sonnigen Platz mit lockerem, durchlässigem Boden. Die Pflanze ist empfindlich gegen Staunässe.

Gartentipp

Zierlauch-Arten werden gerne mit mittelhohen Sommerstauden wie Phlox, Katzenminze, Steppen-Salbei und Pracht-Storchschnabel kombiniert. Die Blütenstände sollte man stehen lassen. Selbst wenn sie vertrocknet sind, setzen sie noch einen formalen Akzent im Garten.

ROTE SPORNBLUME

Centranthus ruber

Die Rote Spornblume stammt ursprünglich aus dem mediterranen Südeuropa, Nordwestafrika und Kleinasien. Für Schmetterlinge ist sie ein Magnet, denn nur sie können mit ihrem langen Rüssel den Nektar im Sporn erreichen.

Merkmale

Die ausdauernde, krautige, 30–80 cm hohe Pflanze mit schwach verholzender Basis ist kahl und blaugrün bereift. Die 3–8 cm langen Laubblätter sind eiförmig-lanzettlich und meist ganzrandig. Die dunkel rosaroten (selten weißen) Blüten (April bis Oktober) sitzen in dichten Trugdolden. Der Sporn wird mehr als doppelt so lang wie der Fruchtknoten.

Pflanzung und Pflege

Die anspruchslose Staude braucht einen sonnigen, warmen, geschützten Platz mit durchlässigem Boden. Eine Startdüngung im Frühjahr mit reifem Kompost regt das Wachstum an. Soll eine raumgreifende Selbstaussaat verhindert werden, muss man die Dolden nach der Blüte zurückschneiden. Die oberirdischen vertrockneten Pflanzenreste werden im Spätherbst oder Frühjahr bodennah abgeschnitten.

Gartentipp

In einem sonnigen Staudenbeet wirkt die Rote Spornblume besonders gut in Kombination mit Fetthenne und Schafgarbe.

ROTER SCHEINSONNENHUT

Echinacea purpurea

Der Rote Scheinsonnenhut wurde als Heilpflanze bereits von den Indianern zur Kräftigung des Immunsystems eingesetzt. Die Blütenstaude ist in vielen Sorten, auch in Weiß, Rosa, Orange, Gelb und in anderen Schattierungen erhältlich und für Schmetterlinge und Bienen ein Magnet.

Merkmale

Die großen Blütenköpfe, welche an einen Igel erinnern, sitzen einzeln an langen, wenig verzweigten, steifen Stängeln. Die 3–4 cm langen Zungenblüten sind hängend, teils auch straff waagerecht stehend um den großen Blütenkopf angeordnet. Die aufrechte, je nach Sorte 40–100 cm hohe Staude blüht von Juli bis September und gehört damit zu den Langblühern.

Pflanzung und Pflege

Die anspruchslose Staude fühlt sich an einem sonnigen Platz mit einem nährstoffreichen, durchlässigen, nicht zu trockenen Boden wohl. Sie ist sehr gut frosthart und benötigt keinen Winterschutz. Im Frühling kann ein wenig Kompost zugefügt werden.

Gartentipp

Der Rote Scheinsonnenhut lässt sich mit verschiedenen Gräsern wunderbar kombinieren und darf auch in keinem Präriegarten fehlen. Die Samenstände sind vor allem im Winter sehr dekorativ.

ROTER WIESENKLEE

Trifolium pratense

Der Rote Wiesenklee gehörte zur Familie der Schmetterlingsblütler, was man hier wörtlich nehmen kann. Denn für Schmetterlinge ist er eine begehrte Futterquelle. Gärtnern leistet er als Gründüngung wertvolle Dienste.

Merkmale

Der Rote Wiesenklee ist eine ein- bis zweijährige ausdauernde, krautige 15–20 cm hohe Pflanze. Der aufrechte Stängel ist kahl bis dicht behaart. Die Blätter sind wechselständig und spiralig angeordnet. Es werden vielblütige, kugelige, ährige Blütenstände gebildet, der Blütenstand ist meist von den obersten Stängelblättern umhüllt. Blütezeit ist von April bis Oktober.

Pflanzung und Pflege

Der Rote Wiesenklee gedeiht auf sonnigen bis leicht schattigen Standorten mit nährstoffreichen, durchlässigen und mäßig feuchten Böden. Pflanzzeit ist März bis Mai, der Pflanzabstand sollte mindestens 20 cm betragen. Regelmäßiges Gießen begünstigt ein üppiges Wachstum, kürzere Trockenperioden werden aber problemlos überstanden.

Gartentipp

Der Rote Wiesenklee wird vor allem als Heil- und Nutzpflanze, aber auch als Gewürzpflanze verwendet und eignet sich vor allem auch für den Kräutergarten.

SALWEIDE

Salix caprea

Die heimische Weidenart ist mit ihren charakteristischen Weidenkätzchen ein dekorativer Blickfang in jedem Garten. Früh im Jahr fliegende Schmetterlinge wie Tagpfauenauge und Kleiner Fuchs nutzen ihre Blüten als Nektarquelle. Die Raupen des C-Falters ernähren sich von den Blättern.

Merkmale

Der 5–10 m hohe Strauch oder Baum trägt sommergrüne, wechselständige, ovale, oberseits dunkelgrüne, unterseits weißgraue, fein behaarte Blätter. Die großen Kätzchen erscheinen Mitte bis Ende März vor dem Laubaustrieb. Die bis zu 5 cm langen Blütenstände tragen leuchtend gelbe Staubgefäße.

Pflanzung und Pflege

Die anspruchslose Salweide gedeiht optimal an einem vollsonnigen Platz mit lehmigem und feuchtem Boden, kommt aber auch sogar mit trockenen Sandböden zurecht. Sie wächst leicht an und kann im Spätfrühling als wurzelnackter Strauch gepflanzt werden. Im Pflanzjahr regelmäßig mit Wasser versorgen.

Gartentipp

Die Salweide eignet sich vor allem für den Naturgarten und kommt in Einzelstellung am besten zur Geltung, lässt sich aber auch gut in frei wachsende Hecken integrieren.

SCHLEHE

Prunus spinosa

Die Schlehe oder der Schwarzdorn ist ein Magnet für Schmetterlinge. An den weißen Blüten tummeln sich Zitronenfalter, Kleiner Fuchs, Tagpfauenauge und Landkärtchen. An den Blättern legen rund 70 Schmetterlingsarten ihre Eier ab.

Merkmale

Der sommergrüne, sparrig verzweigte Wildstrauch hat dornenbesetzte, 1–3 m hohe Äste und Zweige. Die Triebe sind kurz und häufig ebenfalls dornenförmig ausgebildet. Die dunkelgrünen, büscheligen, ovalen Blätter sind gezähnt. Die fünfzähligen weißen, 1,5 cm breiten Blüten (April/Mai) sitzen einzeln, aber gehäuft auf den Trieben. Die blauschwarzen Steinfrüchte reifen ab Oktober.

Pflanzung und Pflege

Schlehen gedeihen am besten an einem sonnigen, warmen Platz mit einem nährstoffreichen, kalkhaltigen Lehmboden. Sie werden am besten im Herbst in tiefgründig aufgelockertem Boden gepflanzt. Da sie zahlreiche Wurzelausläufer bilden, sollte man den Ausbreitungsdrang mit einer Wurzelsperre begrenzen.

Gartentipp

Schlehen eigen sich im Naturgarten als frei wachsende Sicht- und Windschutzhecken. Sie sind wichtige Insekten- und Vogelschutzgehölze.

SCHLEIFENBLUME

Iberis sempervirens

Die Gattung *Iberis* umfasst rund 40 Arten mit Einjährigen, Stauden und Zwergsträuchern. Für den Garten eignet sich am besten die in unseren Breiten winterharte Immergrüne Schleifenblume *(I. sempervirens)*.

Merkmale

I. sempervirens wächst teppichartig je nach Sorte bis zu 30 cm hoch. Die immergrünen, dunkelgrünen, ledrigen, lanzettlichen Blätter sind 2–4 cm lang. Die vierblättrigen, strahlend weißen, wie kleine Schleifen geformten Blüten sitzen in flachen, doldenähnlichen Blütenständen und erscheinen Ende April bis Ende Mai. Einige Sorten blühen auch in Rosa und Rot.

Pflanzung und Pflege

Die Schleifenblume gedeiht an einem vollsonnigen Platz mit einem mineralisch-sandigen, durchlässigen, kalkhaltigen Boden. Gepflanzt werden kann im Frühjahr und Sommer im Abstand von 30–40 cm. Für ein dichtes Blütenpolster braucht man 8–10 Exemplare. Die robuste Pflanze muss wenig gegossen werden. Einmal jährlich mit Komposterde versorgen steigert den Wuchs.

Gartentipp

Schleifenblumen eignen sich insbesondere für alle Arten von Steingärten und gedeihen auch auf Mauerkronen sowie in Trögen.

SCHMETTERLINGS-STRAUCH

Buddleja davidii

Der Schmetterlingsstrauch oder Sommerflieder ist kein einheimisches Gewächs, sondern stammt ursprünglich aus China. Dennoch zählt er zu den beliebtesten Blütengehölzen im Garten. Kaum ein anderes Ziergehölz lockt Schmetterlinge geradezu magnetisch an.

Merkmale

Der aufrecht wachsende Strauch bildet eine ausladende Krone aus mehreren Grundästen mit leicht überhängenden Seitentrieben. Je nach Sorte variiert die Wuchshöhe von 120 cm (Zwergformen) bis zu 3 m. Die dunkelgrünen, unterseits graufilzigen Blätter sind gegenständig angeordnet. Die bis zu 40 cm langen, weißen, hell- und dunkelvioletten, purpurroten, duftenden Blütenrispen bilden sich ab Juli (bis zum ersten Frost) an den Spitzen der Haupttriebe.

Pflanzung und Pflege

Der Schmetterlingsstrauch braucht einen warmen sonnigen Platz mit mäßig trockenem, sandigem Boden. Der äußerst robuste Strauch benötigt weder regelmäßige Wassergaben noch Dünger, um üppig zu blühen.

Gartentipp

B. davidii lässt sich wunderbar in Stauden- und Gehölzrabatten integrieren. Zwergsorten können sehr gut im Kübel kultiviert werden und sind sogar winterhart.

SCHWARZÄUGIGE SUSANNE

Thunbergia alata

Die Schwarzäugige Susanne eignet sich wunderbar für Garteneinsteiger und zählt zu den beliebtesten Kletterpflanzen. Sie lässt sich leicht aussäen und wächst in der Regel rasch zu einer beeindruckenden Pflanze heran. Ihr Name bezieht sich auf die augenförmige, dunkle Mitte der Blüten.

Merkmale

Die einjährige Kletterpflanze windet sich mit bis zu 20 cm Zuwachs pro Woche bis in 2 m Höhe an Spalieren und Pergolen entlang. Die herzförmigen Blätter sind leicht behaart und sitzen an langen Stielen. Die trichterförmigen, weißen, gelben oder orangen Blüten mit schwarzem Auge erscheinen von Mai bis Oktober.

Pflanzung und Pflege

Die Schwarzäugige Susanne bevorzugt einen warmen, windgeschützten, vollsonnigen Platz mit einem lockeren, humusreichen Boden, bei Topfpflanzung durchlässige, nährstoffreiche Balkonblumenerde. Stets feucht halten und alle 2 Wochen mit flüssigem Volldünger versorgen.

Gartentipp

Die Schwarzäugige Susanne bildet an Gartenzäunen und Spalieren schnell einen blütenreichen Sichtschutz. Sie wird aber auch häufig als Kletter- oder Hängepflanze auf Balkon und Terrasse eingesetzt.

SILBERBLATT

Lunaria annua

Der Name der ein- bis zweijährigen Pflanze bezieht sich auf ihre silbrig glänzenden Samenstände in Taler- oder Mondform, die sie auch den Winter über behält. Sie wird auch Garten-Mondviole oder Nachtviole genannt. Denn sie strömt vor allem nachts einen Duft aus, der zahlreiche Insekten und Schmetterlinge anlockt.

Merkmale

Das Silberblatt wächst aufrecht bis 80 cm hoch und 30 cm breit. Im ersten Jahr entwickelt sich nur eine Blattrosette mit hellgrünen, herzförmigen, 15 cm langen Blättern. Im zweiten Jahr erscheinen von April bis Juni weiße oder violette Blüten an 20 cm langen, endständigen Trauben.

Pflanzung und Pflege

Das Silberblatt bevorzugt einen halbschattigen bis schattigen Platz mit einem humusreichen, feuchten, aber nicht zu nassen Boden. Ausgepflanzt wird nach den Eisheiligen in tiefgründig, mit etwas Kompost versehenem Boden im Abstand von 40 cm. Anfang der Blütezeit kann man Langzeitdünger geben, nur bei Trockenheit sollte man zusätzlich gießen.

Gartentipp

Das Silberblatt wirkt wunderschön als Unterpflanzung von Gehölzen oder Sträuchern und harmoniert gut mit Wildblumen.

STEPPEN-SALBEI

Salvia nemorosa

Im Gegensatz zu seinem Verwandten, dem Echten Salbei *(S. officinalis)* ist der Steppensalbei kein Heil- und Gewürzkraut und auch nicht essbar. Bienen und Schmetterlingen ist er allerdings als Nektarquelle wohl bekannt. Von der hübschen Zierstaude gibt es unzählige Sorten.

Merkmale

Mit einer Höhe von 30–60 cm zählt die mehrjährige, winterharte, kompakt wachsende Staude zu den niedrigen Arten. Die Triebe und Blätter sind mit kurzen Härchen überzogen, die Blätter wachsen in einer grundständigen Rosette. Von Juli bis August erscheinen schlanke, aufrecht stehende, weiße, rosa bis blauviolette Blütenkerzen.

Pflanzung und Pflege

Der Steppen-Salbei fühlt sich an einem vollsonnigen Platz mit durchlässigem, mäßig nährstoffreichem, frischem Boden wohl. Gepflanzt werden kann von Frühjahr bis Herbst. Nach der ersten Blüte etwa um ein Drittel zurückschneiden und reichlich gießen, sorgt für eine Nachblüte.

Gartentipp

Die anspruchslose Pflanze lässt sich im Präriegarten gut mit Ziergräsern, Kräutern und Präriestauden kombinieren. Sie macht sich auch gut als Begleiter für Rosen.

THYMIAN

Thymus vulgaris

Es gibt viele unterschiedliche Thymianarten und -sorten, die überwiegend aus dem Mittelmeerraum stammen, aber auch in Nordafrika und Asien verbreitet sind. In ihrem Aussehen unterscheiden sie sich. Der Echte Thymian *(T. vulgaris)* fand im Mittelalter den Weg über die Alpen in die Klostergärten.

Merkmale

Der Echte Thymian ist ein mehrjähriger, immergrüner, winterharter, bis 40 cm hoher, stark verästelter, aromatisch riechender Halbstrauch. An den aufrechten, holzigen, behaarten Ästen sitzen winzige, oberseits graugrüne, kreuzständig angeordnete Blättchen. An den Zweigenden erscheinen von Mai bis September rosafarbene Blüten in kugeligen Trauben.

Pflanzung und Pflege

Thymian bevorzugt einen warmen, vollsonnigen Platz mit nährstoffarmem, trockenem, durchlässigem Boden. Thymian lässt sich aus Samen anziehen, einfacher ist es, im Mai Jungpflanzen zu setzen. Nur in sehr heißen, trockenen Sommern ab und an wässern.

Gartentipp

Thymian eignet sich besonders gut für eine Kräuterspirale zusammen mit anderen mediterranen Kräutern (Lavendel, Rosmarin). Er lässt sich aber auch problemlos im Kübel kultivieren.

WIESEN-FLOCKENBLUME

Centaurea jacea

Wegen ihrer zarten Blütenpracht zählt die Wiesen-Flockenblume bereits seit dem Mittelalter zu den beliebtesten Bauerngartenpflanzen und eignet sich auch wunderbar für den Naturgarten.

Merkmale

Die Wiesen-Flockenblume ist eine bis zu 70 cm hohe, mehrjährige, krautige Pflanze mit aufrechten, verzweigten Stängeln. Die unteren Blätter sind fiederspaltig, die oberen ungeteilt, wechselständig. Die 2–4 cm breiten Blütenkörbchen aus 50–100 violetten, am Rand stark vergrößerten Röhrenblüten erscheinen von Juni bis Oktober. Die bräunlichen Hüllblätter sind gefranst.

Pflanzung und Pflege

Die Wiesen-Flockenblume gedeiht an einem sonnigen bis halbschattigen Platz mit mäßig trockenem bis frischem, durchlässigem Boden. Regelmäßig gießen, das Substrat besonders an heißen Sommertagen feucht halten, jedoch Staunässe vermeiden.

Gartentipp

Flockenblumen kann man an Ort und Stelle direkt aussähen, die Samen keimen zuverlässig. Ein rosafarbenes Gegenstück stellt die Rote Flockenblume (C. dealbata) dar, deren frischrosa Blütenköpfe sich über silbergrauem Laub erheben.

WILDE MÖHRE

Daucus carota

Die Wilde Möhre ist in Europa, Nordafrika und in weiten Teilen Asiens verbreitet und wächst an Wegrändern und auf trockenen, kalkhaltigen Böden. Von den Blüten werden zahlreiche Insekten angezogen, für die Raupen des Schwalbenschwanzes sind die Blätter eine Leibspeise.

Merkmale

Die zweijährige, krautige Pflanze wächst 30–100 cm hoch. Die aufrechten, reichlich verzweigten Stängel sind mit kleinen, abstehenden Haaren besetzt. Die zwei- bis dreifach fiederteilig geschlitzten, lanzettlichen Blätter sind bis 3 cm lang. Im zweiten Jahr erscheinen von Juni bis Oktober auffällige Blüten, die in dichten, weißen Dolden zusammenstehen.

Pflanzung und Pflege

Die Wilde Möhre gedeiht an einem sonnigen Platz mit eher trockenem, kalkhaltigem, durchlässigem Boden. Die Aussaat erfolgt im Frühjahr direkt ins Freiland. Bis zum Keimen ausreichend feucht halten, bei länger andauernden Trockenperioden gießen.

Gartentipp

Die Wilde Möhre eignet sich gut für trockene Standorte im naturnahen Garten und ist in Samenmischungen zum Anlegen für Wildblumenwiesen und Schmetterlingsgärten enthalten.

WILDER MAJORAN

Origanum vulgare

Der Wilde Majoran ist im Mittelmeerraum und Nordwestafrika beheimatet, hat aber mittlerweile auch in vielen anderen Ländern heimische Arten unter verschiedenen Bezeichnungen (Echter Dost, Oregano) entwickelt. *O. vulgare* ist für Schmetterlinge und Raupen eine wichtige Futterquelle.

Merkmale

Die mehrjährige, winterharte, krautige Pflanze wächst bis zu 80 cm hoch. Die aufrechten, gegenständig stehenden, ovalen Stängel sind oft rötlich gefärbt und verdorren in der vollen Sonne. Die grünen Blätter riechen leicht aromatisch. Von Juli bis September zeigen sich rosarote Blüten in rispenartig verzweigten Büscheln.

Pflanzung und Pflege

Der Wilde Majoran braucht einen warmen, vollsonnigen, windgeschützten Platz mit einem trockenen, kalkhaltigen, gut durchlässigen Boden. Die Jungpflanzen werden im Abstand von 25 cm gesetzt. In rauen Gegenden empfiehlt sich eine Reisigabdeckung im Winter. Im Frühjahr schneidet man die Pflanze bis dicht über dem Boden zurück.

Gartentipp

Die Pflanze eignet sich sehr gut für Steingärten sowie für die Einfassung von Wegen und Beeten und gedeiht auch im Topf.

WOLFSMILCH

Euphorbia

Die Gattung *Euphorbia* umfasst etwa 2000 ein- und zweijährige Arten, die zu den Stauden oder Gehölzen zählen. Alle sind in den Tropen oder Subtropen, aber auch in gemäßigten Regionen Mitteleuropas beheimatet. Aufgrund ihres sukkulenten Wuchses sind sie in der Lage, unwirtliche Standorte zu besiedeln.

Merkmale

Die verschiedenen Arten unterscheiden sich optisch, einige werden über 150 cm hoch, andere bleiben niedrig. Gemeinsam ist ihnen eine lange Blütezeit. Auffällig sind ihre gelben, grünen, roten oder orangen Hüllblätter, die den unscheinbaren Blütenstand umgeben und Insekten aller Art anziehen. Die Laubfarbe variiert von Graublau bis Dunkelgrün.

Pflanzung und Pflege

Die meisten Wolfsmilch-Arten bevorzugen einen sonnigen, warmen Platz mit trockenem bis mäßig feuchtem, durchlässigem Boden. Ein- und zweijährige Arten und Stauden pflanzt man nach den Eisheiligen im Abstand von 20–50 cm.

Gartentipp

Alle Euphorbia-Arten besiedeln in der Natur die unterschiedlichsten Standorte und kommen mit jeder Gartensituation zurecht. Die Walzen-Wolfsmilch (E. myrsinites, Bild) fühlt sich im Kiesbeet oder Steingarten wohl.

YSOP

Hyssopus officinalis

Der Ysop ist in Kleinasien beheimatet, wo man ihn auf alten Mauern und an trockenen Ufern findet. Bei uns ist er auch unter dem Namen Bienenkraut bekannt, was auch darauf hinweist, dass er für Insekten eine wichtige Nektarquelle ist.

Date

Merkmale

Der winterharte, mehrjährige, verholzende Halbstrauch wird bis zu 80 cm hoch. Er weist zahlreiche aufrechte, verzweigte Äste mit abblätternder Rinde auf. Die schmalen, behaarten Blätter sind gegenständig an Kurztrieben angeordnet. Von Juli bis Oktober zeigen sich in den oberen Blattachseln zahlreiche blauviolette, weiße oder rosafarbene Blüten in Scheinquirlen.

Pflanzung und Pflege

Ysop gedeiht am besten an einem sonnigen Platz mit durchlässigem, nicht zu feuchtem, kalkhaltigem Boden. Am besten man kauft vorgezogene Pflanzen beim Gärtner, die sich später teilen lassen. Eine leichte Stickstoffgabe nach dem ersten Schnitt beschleunigt das Wachstum.

Gartentipp

Da alle Teile der Pflanze angenehm duften und die Blüten sehr dekorativ sind, sollte man sie an einer gut einsehbaren Stelle platzieren. Ysop lässt sich auch gut im Kübel kultivieren.

ZINNIE

Zinnia elegans

Die Gattung *Zinnia* umfasst etwa 20 Arten von Stauden und Halbsträuchern, die in Nord- und Südamerika beheimatet sind. Da sie nicht frosthart sind, werden sie bei uns als einjährige Sommerblumen kultiviert.

Merkmale

Bei Z. elegans reicht die Formenpalette von stattlichen Exemplaren bis hin zu Zwergsorten (20–100 cm). Die Blätter sind elliptisch, meist spitz zulaufend und oft auffallend rau. Die einfachen oder gefüllten, gelben, orangen, weißen, rosa und violetten Blüten erscheinen von Juli bis September.

Pflanzung und Pflege

Zinnien brauchen einen sonnigen, warmen, windgeschützten Platz mit nährstoffreichem, durchlässigem, mäßig frischem Boden. Die kälteempfindlichen Pflanzen werden erst nach den Eisheiligen im Abstand von 25–35 cm ins Freiland ausgepflanzt. Regelmäßig gießen, Verwelktes entfernen, alle 4 Wochen mit stickstoffarmem Dünger versorgen. Hohe Sorten stützen.

Gartentipp

Zinnien kommen in Beeten und Rabatten sowohl in kleinen als auch großen Gruppen zur Wirkung und passen gut zu farblich abgestimmten Sommerblumen. Niedrige Sorten eignen sich auch für die Topfkultur.

ARTEN- UND SACHREGISTER

IMPRESSUM

ISBN 978-3-8094-4202-8

1. Auflage
2020 by Bassermann Verlag, einem Unternehmen der Verlagsgruppe Random House GmbH,
Neumarkter Straße 28, 81673 München

Bildnachweis: NABU/NelumboArt Stefanie Gendera: 26; Rath: 33, 46; Steinberger: U1 o r und o l, 8, 16, 17, 18, 21, 23, 24, 25o, 27o, 30, 32, 36, 40, 41, 47, 50, 52, 53, 54, 55, 56, 58, 59, 60, 61, 63, 64, 65, 66, 67, 69, 70, 71, 72, 73, 74, 75, 76, 77, 78, 79, 80, 81, 82, 83, 84, 87, 88, 89, 90, 91; Strauß: U1 u, 6; Verlagsbüro Kopp: 13, 15, 22; Wothe: 10, 12, 14, 15 (o und M), 25u, 27u, 28, 31, 34, 35, 37, 38, 39, 42, 43, 44, 45, 48, 49, 57, 62, 68, 85, 86

Projektleitung: Dr. Iris Hahner
Layout und Satz: Sabine Dunst, Guter Punkt, München, www.guter-punkt.de
Redaktion und Bildredaktion: Verlagsbüro Kopp, München
Umschlaggestaltung: Atelier Versen, Bad Aibling
Herstellung: Angelika Tröger

Verlagsgruppe Random House FSC® N001967

Druck und Bindung: Tešínská tiskárna, a.s., Česky Těšín

Printed in Czech Republic